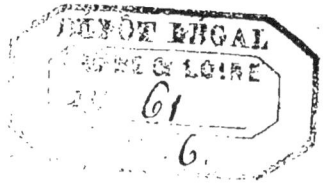

DU CULTE

DE

SAINT LAZARE

A AUTUN

MÉMOIRE COMMUNIQUÉ A LA SOCIÉTÉ ÉDUENNE,

PAR M. L'ABBÉ DEVOUCOUX,

Président de cette Société.

AUTUN
IMPRIMERIE DE MICHEL DEJUSSIEU.
1856.

DU CULTE

DE SAINT LAZARE A AUTUN.

Messieurs,

Il est des objets tellement consacrés par la religion, tellement vénérés par la piété des peuples, qu'il ne convient pas d'en parler hors de l'enceinte du temple qui les renferme, et dans un langage purement académique. Par un sentiment de haute convenance, les sociétés archéologiques s'interdisent de prendre part aux discussions auxquelles ces objets ont pu donner lieu dans l'Eglise. Mais quand ces choses saintes ont été la cause de l'érection d'importants monuments, quand le culte qui leur est rendu se lie à l'histoire d'une cité, de ses principaux usages, de ses plus graves intérêts, non-seulement il est permis, mais il convient d'étudier et de raconter les faits qui se rattachent à leur existence.

Je n'entreprendrai donc pas, Messieurs, de discuter

1

sur l'authenticité des ossements conservés dans l'église
Cathédrale d'Autun, et vénérés comme étant ceux de
Lazare de Béthanie, ceux-là même qui furent l'occasion de l'un des plus grands miracles du Sauveur des
hommes. Il suffira de dire que cette question de com-
pétence ecclésiastique a été résolue en faveur de la
tradition de l'Eglise d'Autun, soit par le Martyrologe
romain qui admet la croyance des Eglises provençales
sur la mission de saint Lazare à Marseille, soit par la
tradition de l'Eglise de Marseille qui, d'accord avec
celle d'Autun, affirme que le corps de saint Lazare,
ami de Jésus-Christ, a été transporté, vers le dixième
siècle, de Marseille à Autun. Il suffira de dire que cette
double tradition a pour elle l'autorité de l'ancienne
Sorbonne et des érudits tels que Baronius, Pagi, Noël
Alexandre. Nous pouvons ajouter que la solution de
cette question, au point de vue de la croyance des
Eglises de Marseille et d'Autun, a donné lieu à l'un
des ouvrages les plus remarquables de ce siècle sous
le rapport de l'érudition. Cet ouvrage a pour titre :
*Monuments inédits sur l'Apostolat de sainte Marie-
Madeleine en Provence*. Il a pour auteur M. Faillon,
prêtre de Saint-Sulpice. — Nous ferons observer encore que le célèbre procès élevé au quinzième siècle
entre les Eglises d'Autun et d'Avallon, à l'instigation
de Louis XI, n'infirme en rien l'authenticité du dépôt
sacré conservé à Autun. Ce procès n'est point relatif
en effet aux ossements qui, renfermés de la manière
la plus incontestable, en 1147, dans un cercueil de
plomb, furent recueillis lors de l'ouverture publique
de ce cercueil en 1727. Le procès-verbal constatant
authentiquement le fait est sous vos yeux.

Laissant donc de côté les questions d'origine, je
vous entretiendrai, Messieurs, d'une suite de faits hors
de toute discussion, tous appuyés sur des monuments
ou existants ou suffisamment décrits ; sur des chartes
dont je vous présenterai en grande partie les origi-
naux.

La foire dite de la Saint-Ladre, qui doit sa célébrité
au culte de saint Lazare, patron de la Cathédrale d'Autun, est encore aujourd'hui une des principales sources de prospérité de notre ville, une des circonstances qui amènent dans son sein les étrangers, un des
souvenirs locaux les plus populaires.

Le but de mon travail, Messieurs, est de seconder
les efforts de Mgr de Marguerye pour augmenter la
solennité de la fête de Saint-Lazare, et contribuer
ainsi aux intérêts de la cité en même temps qu'à l'é-
dification religieuse de la population dont il est le
pasteur.

Deux châsses en bronze doré, d'un très beau modèle
emprunté aux formes du douzième siècle, époque de
notre Cathédrale, sont préparées en ce moment dans
les ateliers de M. Poussielgue-Rusand, à Paris. La main
généreuse de l'Impératrice des Français est venue en-
courager par une large offrande la souscription qu'a-
vait spontanément ouverte le clergé du diocèse tout
entier.

Ces châsses seront achevées au mois d'août prochain, et Monseigneur se propose d'organiser, pour
leur inauguration, une fête brillante à laquelle seraient invités plusieurs de ses vénérables collègues.
Il a semblé que pour provoquer plus facilement le
concours de toute la population à cette fête du patron

de la cité, et pour faire naître quelque heureuse idée
sur les moyens d'en rehausser l'éclat, il était utile de
mettre en relief des faits d'un haut intérêt historique.
Le travail que je vais avoir l'honneur de vous lire tend
à réaliser cette pensée.

CULTE DE SAINT LAZARE A AUTUN.

. Il est rare que la fondation des édifices religieux
d'une grande importance ne se lie pas à quelque fait
merveilleux dont la trace est restée profondément
gravée dans les traditions populaires.

« L'évêque d'Autun Aganon, dit l'auteur de l'Autun
Chrétien (¹), se trouvant dans une grande oppression
causée par la violence de Robert, duc de Bourgogne,
convoqua un concile à Autun, pour chercher par l'avis
des prélats de son voisinage les moyens de mettre en
sûreté les biens de son Eglise, et jouir de la paix et tranquillité dont il avoit besoin pour la gouverner. Ce concile fut tenu en l'an 1055. Les histoires ne font aucune
mention du succès de cette assemblée. Mais on peut juger avec raison qu'il fut heureux, et qu'il obligea Robert
de changer de conduite, de donner la paix à Aganon,
et d'empêcher les désordres et les brigandages qui se
commettoient impunément dans toute l'étendue de ses
Etats. Car on voit que ce même duc, quelque temps

(¹) Page 32.

après, ayant appris qu'un gentilhomme d'Autun possédé du démon en avoit esté délivré par les mérites et l'intercession de saint Lazare, il fit bàtir cette auguste église qui est aujourd'hui dédiée en son honneur, et qui n'aïant pas été achevée de son temps, le fut de celuy d'Hugues son fils et successeur, pendant qu'Estienne Ier en tenoit le siège. »

Le récit de Saulnier contient quelques inexactitudes que Gagnare a relevées. Quant à nous, il nous semble convenable de citer textuellement l'auteur contemporain qui a rapporté les circonstances du concile, que l'on place communément à l'an 1063.

« Je vais raconter, dit l'auteur de la Vie de saint Hugues, abbé de Cluny (¹), des choses prodigieuses, mais je les tiens du témoignage authentique de Geoffroi du Mont-St-Vincent et de Rainaud d'Autun. Le duc Robert opprimait Haganon, évêque d'Autun, d'une manière très dure, et la Bourgogne avait à souffrir des diverses incursions d'un grand nombre de malfaiteurs. A cette occasion les évêques Geoffroi de Lyon, Hugues de Besançon, Achard de Chalon et Drogo de Màcon, s'assemblèrent à Autun et prièrent Hugues, abbé de Cluny, de venir diriger leurs délibérations par sa sagesse. Il se trouvait là une grande multitude d'hommes illustres et un peuple immense qui demandait par des cris incessants qu'on obtînt enfin la paix. Le duc, ou plutôt le tyran, vint lui-même à Autun ; mais par un orgueil plein de malice il refusa d'entrer dans l'assemblée. Le vénérable Hugues, excité par les ardeurs de la charité, alla trouver cet homme indomptable, lui adressa de vifs re-

(¹) Bolland. die 29 aprilis, p. 659.

proches, et, au grand étonnement de tout le monde, il l'amena avec lui comme s'il eût été une douce brebis. Les évêques ayant supplié Hugues de parler en faveur de la paix, la foule gardant un respectueux silence, et semblant comme attachée à la bouche du saint homme, il dit : « Que ceux qui désirent la paix, qui aiment Dieu, nous écoutent et nous secondent! que celui qui n'est point le fils de la paix, qui ne vient point de Dieu, mais est notre ennemi, que celui-là, je le lui ordonne au nom du Dieu tout-puissant, se retire du milieu de nous, et ne mette pas obstacle à l'œuvre du ciel! » A peine avait-il prononcé ces mots, qu'un personnage d'une haute stature, et au regard farouche, sortit avec une foule d'autres et disparut. Parmi la multitude des spectateurs, il ne s'en trouva pas un qui pût reconnaître aucun des fuyards. La surprise fut universelle. On se demandait l'un à l'autre quels pouvaient être ces gens, et pour toute réponse à cette question on disait que, selon toute apparence, les démons avaient quitté visiblement l'assemblée à la voix du saint, et s'étaient ensuite évanouis comme des ombres. Après la retraite de ces mauvais esprits, la parole du saint fut tellement efficace que, par son ordre, le duc lui-même pardonna aux meurtriers de son fils et accorda la paix à l'Eglise. O bienheureux homme! dont Satan ne pouvait soutenir la présence, à l'aspect duquel Satan ne savait résister. Cette merveille fut dépassée par une autre merveille. Pendant tout le temps que le saint homme fit entendre ses saints enseignements, on vit apparaître sur sa tête une sorte de blanche colombe. Ceux qui virent ce prodige en glorifièrent Dieu, car tous ne méritèrent pas cette faveur. Etienne, archiprêtre de Perrecy, nous a attesté de la manière la plus positive que, malgré son indignité, il avait contemplé ce miracle. »

Quoi qu'il en soit d'un fait qui peut facilement s'expliquer par la surexcitation des esprits et par les grâces nombreuses que Dieu accordait à saint Hugues, le duc Robert résolut de satisfaire à des vœux si unanimes, fondés sur la justice. D'ailleurs Hélie, sa femme, fille de Dalmace de Semur et d'Aremburge de Vergy, était la propre sœur de l'abbé de Cluny. Le meurtrier de Hugues, fils du duc Robert, était Guillaume, comte de Nevers, qui avait voulu venger l'incendie de la ville et de l'église de Saint-Brice, situées entre Auxerre et Avallon. Depuis quelques années la principale église de cette dernière ville possédait un ossement de saint Lazare. C'était un don du duc Henri. Vers le temps du concile dont nous venons de parler et auquel prit part l'archevêque de Besançon, des liens de confraternité s'établirent entre les chanoines d'Autun et ceux de la capitale de la Séquanie. Ceux-ci commencèrent à honorer spécialement saint Lazare, et à inscrire sur leur martyrologe l'annonce suivante (¹) : « Le premier septembre, à Autun, ré- » ception du corps de saint Lazare, que le Seigneur » Jésus ressuscita d'entre les morts. » Ce corps précieux, transporté de Marseille à Autun, dans l'un des deux siècles précédents, était en effet déposé sous une tombe, non loin de l'autel de St-Nazaire. On voyait

---

(¹) Bolland. mens. Junii, t. vi, part. 4, p. 507. — *Monuments inédits sur l'Apostolat de sainte Madelaine,* etc., t. i, p. 723, note a.

sur cette tombe la châsse d'argent qui avait servi à la translation ([1]).

Les voyages à la Terre-Sainte, si nombreux à cette époque, donnèrent un élan de circonstance au culte d'un saint regardé dès les premiers âges du Christianisme comme le protecteur des pèlerins ([2]). Les Croisades augmentèrent cette dévotion des peuples. En 1077, le duc Hugues, petit-fils de Robert, avait donné au chapitre d'Avallon une statue d'or représentant l'ami et l'hôte de Jésus-Christ. Dès l'année 1106, le pape Paschal II consacra, sous l'invocation de Notre-Dame et de St-Lazare, l'église de ce chapitre qui venait d'être reconstruite. En outre du concile tenu à Autun, en 1065, il y eut en cette ville des conciles en 1077, en 1094, en 1100. Le projet d'une expédition contre les Mahométans, conçu par saint Grégoire VII, exécuté par Urbain II, occupait alors tous les esprits. Il en était question à chaque réunion d'évêques ([3]). Dans l'année même où la croisade fut résolue et proclamée au concile de Clermont, alors que la proposition du père commun des fidèles fut accueillie avec le cri « Dieu le veut, » répété par mille bouches, le Souverain-Pontife vint à Autun et y passa plusieurs jours ([4]).

([1]) Procès-verbal du douzième siècle, que nous traduirons plus bas.

([2]) *Hist. des Ordres religieux,* 1714, in-4°, liv. I., p. 262.

([3]) *Hist. de l'Eglise de France,* par M. Guettée, t. IV, p. 328, id. p. XXVIII et suiv.

([4]) Domnus Papa Urbanus, cum Galliarum partes quamplurimas permeasset, viris religiosis concitatus, ad usque urbem Heduorum pervenit, quo in loco ab episcopo et a clero cum suis

Afin de mieux assurer le succès de l'entreprise annoncée, il s'appliquait à pacifier les Eglises et à concilier
tous les intérêts. Il encourageait aussi les actes d'expiation. Parmi les exemples de pénitence donnés par des
seigneurs qui après avoir persécuté l'Eglise l'avaient
consolée par leur piété et leurs aumônes, on citait
Hilduin, comte d'Arcis-en-Champagne. Ce seigneur,
pour expier ses injustices, avait suivi en pèlerinage
à la Terre-Sainte Adson, abbé de Monthier-en-Der.
On disait de plus qu'il avait imité Waimer, duc de
Champagne, conduit jadis par saint Bercaire au tombeau du Christ pour obtenir que Dieu lui pardonnât
d'avoir été le bourreau de saint Léger. Saint Bercaire,
selon une conjecture de Mabillon (¹) confirmée par
les monuments, était ce moine, ami dévoué de l'évê-
que-martyr, qui l'avait averti des funestes desseins du
roi Childéric. C'était à lui que saint Léger avait confié
l'administration d'un établissement de charité, nommé
Matricula, qui occupait, sur l'un des côtés de l'*atrium*
de la Cathédrale dédiée à saint Nazaire, l'emplacement

non indecenter exceptus, cum dies perpaucos demoraretur,
Agano præfatæ urbis episcopus et cum ipso B. martyris Nazarii universus canonicorum conventus Sublimitatis ipsius præ-
sentiam adiverunt. — (Chartular. Eduense citatum in *Gall.
Christ.,* t. IV, col. 83 Instrum.)

(¹) Acta SS. ord. S. Bened. sæcul. secund., p. 831. — Il est
dit positivement dans la vie de saint Bercaire que saint Léger
était l'un de ses principaux protecteurs. Aussi le nom du saint
évêque d'Autun paraît-il dans les chartes de fondation des divers monastères dus au zèle de saint Bercaire. Il est évident
que saint Léger mit sous sa direction l'organisation établie
par lui pour le service de l'église Cathédrale d'Autun.

où s'élève aujourd'hui l'église Saint-Lazare ('). On
sait que le duc Waimer avait assiégé Autun vers 675,
et que saint Léger s'étant livré à lui, pour éviter à sa
ville épiscopale et à son peuple les terribles conséquences d'une prise d'assaut, ce seigneur inhumain
lui fit arracher les yeux. Touché par la patience du
généreux martyr, qu'il avait conduit en Champagne,
Waimer essaya de lui faire oublier son crime et vint
déposer à ses pieds sa part des trésors enlevés à l'é-
glise d'Autun. Ces richesses furent rapportées dans la
cité par le moine Berton. C'est dans le lieu même,
témoin de l'amour de saint Léger pour son Eglise
et pour les pauvres ; c'est dans le lieu où ce grand
évêque avait été menacé de la mort par le roi Childéric,
où, après avoir distribué tous ses biens à ses enfants
spirituels, il leur avait annoncé sa résolution de donner sa vie pour eux ; c'est là, et aussi près de la tombe
qui recouvrait les précieux ossements de saint Lazare,
qu'Urbain II fit restituer au chapitre d'Autun et la
garde du trésor de la Cathédrale, et l'église de Couhard (²), où, selon une tradition locale, saint Léger
avait enduré le plus douloureux supplice. Il semble
que l'idée de la réparation due aux injustices dont
saint Léger et ses œuvres avaient été l'objet, se soit
trouvée inséparable alors des idées de pénitence, de
satisfaction et de générosité que rappelle le nom de

('') *Hist. de saint Léger*, par D. Pitra, p. 208, 194, 456.
(²) Altare quippe principale S. Nazarii martyris et ecclesias
Casleii *(Cheilly)* et Cucurbitissæ villæ *(Couhard)*, *Thesauri
quoque custodiam.* — *Gall. Christ.*, t. IV, col. 83 Instrum.

l'hôte et de l'ami de Jésus-Christ. La famille des ducs de Lorraine, qui comptait saint Léger parmi ses plus illustres membres, se glorifiait aussi du nom de Gérard de Roussillon (¹). Or, ce héros des poèmes carlovingiens est celui auquel on attribue la fondation de l'abbaye de Vézelay et du chapitre d'Avallon (²). C'est à son influence que les moines de Vézelay assuraient devoir la possession des reliques de sainte Madelaine, et il y a bien de l'apparence que la translation du corps de saint Lazare de Marseille à Autun se fit par ses soins. C'est l'opinion de l'homme savant qui a le mieux étudié la question. (³)

De tous les comtes d'Autun, ceux qui contribuèrent le plus à faire restituer à l'église Cathédrale les biens donnés par saint Léger, furent Richard-le-Justicier et son fils Raoul. On sait que Richard descendait de Bavin ou Beuve des Ardennes, et était frère de Boson, d'abord comte d'Autun, puis roi de Bourgogne et de Provence. Un fils de Richard (⁴), nommé Boson, s'établit en Champagne ; il fut très puissant et étendit sa domination sur les terres de Toul et de Verdun. Au commencement du douzième siècle, un comte de Bar, allié à la famille des ducs de Bourgogne, vint résider à

(¹) Voir le tableau généalogique de la famille de saint Léger. — Histoire de saint Léger, p. 420.

(²) *Gall. Christ.*, t. iv, col. 466. — *Histoire de Chatillon*, par Gustave Lapérouse, p. 103. *Histoire de Bourgogne*, par D. Plancher, t. i, p. 138.

(³) *Monuments inédits sur l'Apostolat de sainte Marie-Madelaine, etc.*, p. 727 et suiv.

(⁴) D. Plancher, t. i, p. 237, 238.

Autun (¹). C'est à ce moment que les restitutions prennent un caractère d'expiation plus marqué, et que l'érection d'une grande église en l'honneur de saint Lazare couronne pour ainsi dire les œuvres réparatrices ; c'est alors aussi que les fils de saint Bercaire et de saint Mansuet établissent des confraternités avec ceux des monastères bourguignons que les comtes de Bar protègent d'une manière spéciale. (²)

Le dernier jour du concile tenu à Autun, en 1100, par le légat du Saint-Siège Hugues de Die, le duc de Bourgogne, Eude I, cousin germain et beau-frère d'Ermentrude de Bar et de Gui, archevêque de Vienne, depuis pape sous le nom de Callixte II, vint déposer sur l'autel de Saint-Nazaire une charte par laquelle il renonçait à d'injustes usages et restituait à la manse capitulaire la terre de Chenôve, une de cel-

---

(¹) *Hist. de l'Eglise d'Autun*, p. 330.

(²) En 1020, le roi Robert tint un concile à Héry, sur les limites des diocèses d'Auxerre et d'Autun. Les reliques de saint *Bercaire* furent apportées à ce concile. (Acta ord. S. Bened. secul. secund., p. 859.) Ce n'était pas la première fois qu'elles étaient venues en Bourgogne ; car, pendant les courses des Normands, elles furent transférées près les rives de la Saône, parce que ce pays se trouvait sous la protection de Raoul, fils de Richard-le-Justicier (id. p. 846). — L'abbaye de Monthier-en-Der fut réformée au dixième siècle par celle de Saint-Evre de Toul, qui possédait alors le corps de saint Mansuet. (*Ibid.* p. 848. — Bolland., die 3 sept., p. 626.) En 1119 le pape Callixte II releva les reliques de saint Andoche, à Saulieu. Peu après les moines de Saint-Mansuet de Toul établirent une confraternité entre eux et ceux de l'abbaye de Saint-Andoche de Saulieu. (Courtépée, édit. nouv., t. IV, p. 97.)

les que saint Léger avait données à son Eglise par
testament. En signe de réconciliation et pour que la
mémoire s'en conservât plus sûrement, il donna un
baiser à l'un des chanoines. (¹)

En 1113, le chapitre d'Autun présenta à Hugues II,
fils d'Eude, le témoin de l'acte de son père et la
charte elle-même. Les conditions de la convention
avaient été si peu observées qu'il fallut, pour convain-
cre le duc de son devoir, le verdict d'un jury composé de dignitaires de l'Eglise et d'officiers du duc,
parmi lesquels se trouvait Tescelin Sorus, père de
saint Bernard (²). Théobald de Damas, l'un des jurés,
formula le verdict ainsi qu'il suit : « Nous sommes
d'avis qu'en vertu de son droit et de la remise faite
par le duc, l'Eglise d'Autun est appelée à jouir de la
terre de Chenôve, de ses dépendances, des hommes
qui l'habitent et qui l'habiteront, en toute liberté et
sans contestation aucune. » Le duc se soumit aussitôt;
et pour sanctionner cette reconnaissance d'un droit,
il fut dit que celui qui oserait en violer la teneur en-

(¹) *Gall. Christ.*, t. IV, col. 87 Instrum.

Le siège épiscopal d'Autun était alors occupé par l'un des
plus entreprenants de ses évêques. Il se nommait *Norgaud*,
nom qui rappelle celui du comté de *Nortgaw*, appartenant à
l'une des branches les plus certaines de la famille de saint Léger. Le comté de *Nortgaw*, situé dans ce qu'on appela le pa-
latinat de Bavière, avait été l'une des stations des *Burgondes*,
aussi bien que la résidence des *Boïi*.

(²) L'année 1113 est celle où saint Bernard, âgé de 23 ans,
quitta le monde et se rendit au monastère de Citeaux avec
trente de ses amis.

courrait l'anathème de saint Léger, évêque et mar-
tyr. (¹)

En 1077, le duc Hugues I, frère d'Eude, renonçant
à tous ses droits sur l'église d'Avallon, l'avait donnée
à l'abbaye de Cluny (²). En 1116, le pape Paschal II
reconnut que cette donation avait été faite contraire-
ment aux droits des évêques d'Autun. Il décida en
conséquence que l'église de Sainte-Marie et de Saint-
Lazare d'Avallon appartiendrait à ces évêques ; que
les biens qui en dépendaient seraient employés, partie à leur usage, partie à celle des clercs et des pauvres. Il prononça ensuite un anathème contre ceux qui
oseraient attenter à ce droit solennellement établi, et
causer des vexations à ses légitimes possesseurs. (³)

L'année 1119 fut marquée par des évènements bien
glorieux pour la Bourgogne et particulièrement pour
Autun. Le pape Gélase II, dans l'intention de réunir
un grand nombre d'évêques pour terminer la grave
question des investitures, se rendait à Vézelay où il
avait donné rendez-vous au roi Louis-le-Gros. En ar-
rivant de Lyon à Mâcon, il tomba malade d'une pleu-
résie. Se sentant atteint mortellement, il se fit transporter à Cluny, afin de terminer ses jours au lieu
même où il avait autrefois embrassé la vie monastique. Quelques jours après son arrivée il y mourut
saintement. Un grand nombre de prélats et de sei-

(¹) Si quis hoc violare præsumpserit, feriatur anathemate
S. Leodegarii episcopi et martyris. (*Gall. Christ.*)

(²) D. Plancher, t. I, p. 273.

(³) *Gall. Christ.*, t. IV, col. 88.

gneurs s'étaient rendus dans cette ville pour les funé-
railles de Gélase. Les cardinaux qui s'y trouvaient
presque tous pensèrent que le bien de l'Eglise exi-
geait que l'on procédât immédiatement à l'élection
d'un nouveau pape. Leur choix tomba sur Gui, archevêque de Vienne. Ce prélat, distingué par ses vertus et par sa sagesse, était fils de Guillaume, comte
de Bourgogne, oncle de la reine de France, parent de
l'Empereur et du roi d'Angleterre. Elu, le premier
jour de février, il se rendit à Vienne où son couron-
nement eut lieu le neuf du même mois. Après avoir
tenu un concile à Toulouse au mois de juin, puis un
autre à Reims au mois d'octobre, il résolut de se
rendre à Rome, passant auparavant quelques jours,
soit à Autun, où résidait sa sœur Ermentrude de Bar,
soit à Cluny, lieu de son élection. Le 21 décembre, il
se trouvait à Saulieu. Plusieurs cardinaux et archevê-
ques l'accompagnaient, et les évêques d'Autun, de
Langres, d'Auxerre et de Nevers, s'étaient rendus
auprès de lui. Il présida à la translation solennelle des
reliques des SS. Andoche, Tyrse et Félix, qui furent
portées, de la crypte qui les avaient conservées pendant 900 ans, dans l'église supérieure (¹). Le 23 du
même mois il approuva la charte dite *de charité,* qui

(¹) tous les ans, la veille de Saint-Thomas, on annonçait jadis à Saulieu les indulgences par la concession desquelles le
Souverain-Pontife termina cette translation. Comme l'église
était très fréquentée ce jour-là par les étrangers, il y avait une
brillante illumination qui a été très longtemps en usage. (Courtépée, t. IV, p. 97.)

réglait les rapports des maisons de l'ordre de Cîteaux avec l'abbaye-mère. (¹)

Il arriva à Autun assez à temps pour célébrer solennellement la fête de Noël, dans l'église de Saint-Nazaire, près de la tombe renfermant le corps de saint Lazare. Turstin, archevêque d'Yorck, et Brunon, archevêque de Trèves, étaient venus dans cette ville afin de converser avec lui sur de graves affaires (²). Ce dernier venait spécialement réclamer contre les entreprises d'Etienne, fils d'Ermentrude de Bar. Ce neveu du pape et ancien chanoine d'Autun, devenu évêque de Metz, voulait se soustraire à la juridiction du métropolitain de Trèves. Callixte passa les fêtes près des membres de sa famille. Il était à Cluny, le

(¹) Datum Sedeloci per manum Chrysogoni s. R. E. diaconi, cardinalis ac bibliothecarii. X. kal. januarii, indictione XIII, Incarnationis Dominicæ, anno M. CXIX, pontificatus autem domini Calixti secundi, Papæ anno primo.

(²) Turstinus archiepiscopus Eboracensis ita Gelasius excepit in solemnibus processionibus equitando factis, quando more apostolico coronatus fuit, sicut in die Natali Domini, Augustodunum, et, die Epiphaniæ, Cluniaci, episcopus Ostiensis, qui magister inter eos et dignior erat, eum parem esse voluit. (*Critic. Pagi* ad anum 1119.)

Bruno, archiepiscopus Trevirensis, placuit Romam tendere, ut renovaret privilegia sedis suæ. Cum igitur Augustodunum usque processisset, Callixtus Papa ibi ei occurrit, et eum amicè suscepit, et cum eo in eodem loco Natalem Domini celebravit. Transactis autem diebus solemnibus, pariter Cluniacum iter dirigeret. — (*Scriptor anonymus Trevirensis Historiæ,* t. XII. *Spicilegii Acheriani,* p. 248). — *Histoire manuscrite des Evêques d'Autun* à l'année 1120.)

3

jour de l'Epiphanie ; de là il se rendit à Rome. On le vit bientôt embellir la capitale du monde chrétien. Il fit même reconstruire la basilique de Saint-Pierre qu'il dota des plus riches ornements.

Le séjour du pape Callixte à Autun détermina sans doute la construction de l'église Saint-Lazare, car cette année est celle que nos historiens locaux les plus anciens indiquent pour le commencement des travaux (¹). On doit regarder Thierry de Montbelliard, comte de Bar, et Ermentrude sa femme, sœur du Souverain-Pontife, comme les principaux bienfaiteurs de cette église, car jusqu'au dernier siècle leurs tombeaux élevés se virent dans le chœur de Saint-Lazare. Il est certain que le duc de Bourgogne Hugues II, leur neveu, contribua de son côté à l'érection de ce grand édifice. Eude, son père, pour faciliter l'entreprise, avait cédé la terre dite le *Champ de Saint-Mansuet* (²).

(¹) Estienne premier du nom, 52ᵐᵉ évesque d'Ostun, vivoit du temps du pape Calixte second du nom. Lequel Calixte est issu de noble famille de Vienne et estoit appellé auparavant en son propre nom Guy, environ l'an de Nostre Seigneur 1120, *auquel temps l'Esglise Saint-Ladre a commencé d'estre construicte.* — (Manuscrit composé par Bonaventure Goujon, p. 87, 88.)

(²) « Le corps de Mousieur saint Ladre estant à Marsaille..., de là fust apporté en la ville d'Ostun et chasteaul et mis en la chapelle de Saincte-Croix, estant en l'esglise Cathédrale. Puis le duc Hude donna la place où est l'esglise du dict Saint-Ladre qui s'appelloit le Champ Saint-Mens. » — (Notes manuscrites du quinzième siècle, dans les liasses du procès entre Autun et Avallon, archives de l'Evêché.)

Cette terre, qui occupait un des côtés de l'ancien *atrium* de Saint-Nazaire, était précisément l'emplacement de la *matricule,* ou *trésorerie* fondée par saint Léger et sujet de tant de luttes.

Construction de l'Eglise dédiée à saint Lazare.

L'architecte chargé de diriger cette importante construction avait sous les yeux des monuments élevés par les Romains au temps de leur plus grande puissance. Il connaissait sans aucun doute le temple auguste que l'on achevait alors à Cluny. Ces divers types influèrent sur sa pensée. Le plan basilical combiné avec la forme d'une croix latine était alors d'un usage presque général ; il l'adopta. Une grande nef, accompagnée de transepts et terminée par une abside, domina deux nefs collatérales moins élevées, mais terminées comme la nef principale. Deux lignes de sept piliers, partant du mur de la façade et aboutissant au transept, divisèrent cette première partie de

Saint Mansuet est appelé vulgairement *saint Mansu.* On découvre facilement la raison qui fit mettre sous son patronage la *trésorerie* ou *marguillerie* de l'Eglise d'Autun. Le grand nombre des pèlerins qui visitaient le sanctuaire où reposait le corps de saint Mansuet, avait engagé les évêques de Toul à fonder près de ce sanctuaire un grand établissement d'aumônes appelé la *marguillerie de saint Mansuet.* (Matricula Domini Mansueti. — Voir Bolland., t. i, sept., p. 625, 626.) La réputation dont jouissait cet établissement en fit un modèle pour les institutions du même genre.

l'église en sept travées. Deux lignes de trois piliers chacune ajoutèrent, au-delà du transept, deux travées aux précédentes. La grande travée de la maîtresse-nef et du transept fut surmontée, au point central, d'une coupole octogone soutenue par des pendentifs. Les arcs-doubleaux qui relièrent chacun des piliers, soit à un autre pilier isolé, soit à une portion de pilier engagé dans les murs, reçurent la forme du tiers-point. Les piliers de la grande nef et les arcs qui les relièrent dans le sens de l'axe de cette nef portèrent une muraille divisée en deux rangs de baies superposées. Le premier rang accusa la pensée d'un triforium. Le rang plus élevé présenta de véritables fenêtres. L'arc triomphal et la voûte de l'abside s'appuyèrent sur le triforium, au-dessous duquel régnèrent, dans cette partie de l'édifice moins élevée que la grande nef, deux rangs de baies destinées au passage de la lumière. La voûte de la maîtresse-nef suivit la forme des arcs-doubleaux qui la divisaient en travées, de telle sorte qu'elle offrit un vaste berceau d'une seule masse retombant tout entière sur les murs latéraux. Quant aux travées des nefs latérales, chacune d'elles fut couronnée par une voûte d'arête dirigeant ses points d'appui vers les piliers eux-mêmes. Les divers caractères de construction que nous venons d'énumérer appartiennent au style de transition qui régna généralement en France pendant la première moitié du douzième siècle. Le caractère spécial de l'architecture bourguignonne qui consiste dans l'emploi fréquent du pilastre cannelé ne pouvait manquer d'apparaître dans l'église Saint-Lazare. Il y devint même

tout-à-fait dominant. Car pendant que les autres églises de la contrée mélangèrent l'emploi de la colonne
encastrée et du pilastre cannelé dans la décoration
des piliers et des murailles, l'architecte de Saint-
Lazare évita ce mélange. Les pilastres furent tous
striés et dans toute leur longueur. Seulement des colonnettes furent employées, ou pour orner les pieds-
droits de quelques baies, ou pour interrompre la
monotonie des piliers de la grande nef. Ces piliers,
octogones à leur base, se découpent ensuite en forme
de croix à branches égales : chacune des extrémités de
cette croix fut ornée d'un pilastre cannelé avec ru-
dentures, et trois de ces pilastres reçurent sur leur chapiteau ou la retombée de l'arc-doubleau de la basse-
nef voisine, ou l'archivolte de l'entre-colonnement.
Du côté de la grande nef, le pilastre, après avoir ren-
contré une frise composée de rosaces et de moulures
saillantes qui formait comme une ceinture au-dessus
de l'entre-colonnement, traversa le triforium, puis la
région des baies servant de fenêtres, et arriva jusqu'à
la naissance de la grande voûte où les moulures de son
chapiteau se marièrent avec celles d'une corniche qui
fait le tour de l'édifice. C'est à partir du triforium
jusqu'à cette corniche que l'architecte accompagna
chaque pilastre de deux colonnettes pourvues de bases
et de chapiteaux. Le triforium se composa de trois
arcades séparées par des pilastres striés et couronnées
par un petit entablement. L'arcade du milieu fut seule
ouverte dans toute l'épaisseur du mur. Les autres ne
sont que des cintres aveugles. Le pignon du grand
portail fut percé de trois baies. On décora celle du

milieu, plus grande que ses compagnes, par des colonnettes et par une archivolte avec rinceau. Un nombre de baies, que nous ne pouvons plus indiquer
aujourd'hui, et peut-être même une ouverture circu-
laire, avaient été pratiquées dans le mur qui s'élevait
du sommet de l'arc triomphal au sommet de la grande
voûte. Le pignon du portail latéral, pratiqué dans une
des extrémités du transept, présente aussi trois baies,
dont l'une plus grande est décorée de colonnettes ;
mais ces baies ne sont point placées à la même hauteur comme dans le pignon de la façade. L'autre pignon du transept fut percé de cinq baies sur deux
rangs superposés, l'un de trois, l'autre de deux. Cette
partie de l'église fut disposée d'une manière spéciale
qu'il convient de remarquer. La base des pilastres se
prolonge jusqu'à la hauteur de celle des pilastres du
chœur et des deux absides collatérales. Evidemment
on se proposa d'y établir un autel élevé sur un plan
auquel on arrivait par une suite de marches égale à
celle du sanctuaire, de telle sorte que la grande nef
et le transept étaient disposés à l'instar de deux
églises qui se couperaient à angles droits (¹). Comme
les reliques de saint Lazare reposaient à Saint-Nazaire,
dans la chapelle de *Sainte-Croix*, on voulut que les
deux autels principaux fussent consacrés l'un à *Saint-*

(¹) Une intention semblable se trouve encore mieux accusée
dans la Cathédrale de Soissons. En entrant dans l'église, soit
par la porte du nord ouverte dans le transept, soit par le
grand portail, le spectateur se trouve dans une nef terminée
par une abside.

Lazare, l'autre à la *Sainte-Croix.* L'iconographie du monument démontrera cette préoccupation du signe distinctif des croisés, uni au culte du patron des frères hospitaliers.

Dans le plan du premier architecte, le grand portail se composa d'un avant-corps percé d'une large baie divisée par un trumeau et servant de porte. L'archivolte couvrit un large tympan. Elle fut divisée en trois cintres reposant sur des colonnes. Au-dessus de cette archivolte, l'architecte disposa une grande baie absidaire décorée d'arcades portées par des pilastres cannelés. Cette baie fut accompagnée de deux ouvertures dont les pieds-droits se trouvèrent décorés de colonnettes. Dans deux arrière-corps disposés des deux côtés de l'avant-corps, on pratiqua des portes peu larges, correspondant aux basses-nefs; des colonnes décorent les pieds-droits de ces portes et en supportent l'archivolte. Le portail latéral, divisé par un trumeau, offrit un tympan couronné par une archivolte divisée en deux cintres portés aussi par des colonnes. Une arcature avec pilastres cannelés décora la partie supérieure de cette portion de l'édifice. Du reste, tout le côté de la grande nef et du transept situé vis-à-vis de l'église Saint-Nazaire reproduisit exactement à l'extérieur les formes du triforium pratiqué dans l'intérieur de l'édifice.

En traçant le plan de l'église Saint-Lazare, en coordonnant ses lignes, en arrêtant les proportions des diverses parties, l'architecte n'obéissait pas seulement à l'influence des types qu'il voulait imiter, il cédait à une inspiration conçue dans les enseignements les plus intimes de l'art religieux. M. l'abbé Crosnier, dans son *Iconographie Chrétienne* qui est aujourd'hui l'un des traités élémentaires d'archéologie religieuse les plus accrédités, a cité quelques-unes des formules numériques adoptées par le constructeur de la Cathédrale d'Autun ([1]). Mais les formules qui pouvaient plaire à l'imagination des moines artistes voués à la contemplation, ne disaient rien à la foule incapable d'en pénétrer le mystère ; c'est par l'iconographie qu'il fallait s'appliquer à lui parler.

« Les images que l'on voit dans les églises, dit Honorius d'Autun, ont une triple fin ; elles ont pour but d'enseigner la religion au peuple, de rappeler le souvenir des évènements passés, et de servir d'ornement aux basiliques ([2]). » Fidèle à ce principe, l'architecte de Saint-Lazare combina l'ornementation de l'édifice de manière à offrir aux yeux, à travers des motifs variés empruntés à l'ordre végétal, des motifs

([1]) A l'époque qui vit élever l'église Saint-Lazare, l'école Cathédrale d'Autun était dirigée par l'un des écrivains du douzième siècle qui a poussé le plus loin le symbolisme liturgique. Ceux qui voudront parcourir le premier livre du traité d'Honorius d'Autun, qui a pour titre *Gemma animæ*, depuis le chapitre cinquantième jusqu'au cinquante-huitième et sa préface sur l'*Hexaméron*, comprendront l'importance qu'on attachait alors à certains nombres, et comment on pouvait exprimer par ces nombres des noms divins.

([2]) Ob tres causas fit pictura : primo, quia est *laicorum* literatura ; secundo, ut domus tali decore ornetur : tertio, ut priorum vita in memoriam revocetur. — *Gemm. anim.*, lib. I, cap. 132.

historiques fournis par la Bible et par les légendes. D'habiles archéologues ont voulu contester la pensée systématique qui a présidé au choix et à la distribution des motifs historiques à Saint-Lazare et qui en fait un véritable enseignement de la religion ; mais une précieuse découverte due à l'un d'entre eux rendra plus sensible l'idée d'unité qui a dirigé le décorateur de notre église.

Nous avons prouvé que la fondation de ce monument fut comme une solennelle expiation des dommages causés à l'église d'Autun par les ravisseurs de son trésor. La liaison de ce fait avec le système des images dont ce monument est orné nous oblige à entrer dans quelques détails préliminaires.

Rien n'était célèbre dans les traditions poétiques des peuples germains comme les diverses fortunes du trésor des *Niblungen*, ces *enfants des brouillards*, ces *nebulones*, dont l'histoire se confond avec celle des *fils du vent* les *Bor-Gundar* (¹) ou Burgundes. Une malédiction était attachée à cet or qui, d'après la prédiction du nain Anduari, « deviendrait une cause de mort pour deux frères, et un sujet d'inimitié entre huit princes (²). » L'héroïne de ces poèmes est la Walkyrie *Brynhilde*, comme le principal héros est *Sigurd* ou *Siegfried*, nom identique à celui de *Sigebert* (³), époux de la reine Brunehauld. Ce qui a fait

---

(¹) *Questions Bourguignonnes,* par M. Roger de Belloguet, p. 13.

(²) *Mélanges d'Archéologie,* t. III, p. 98, 99.

(³) Id., p. 114, note I.

dire au savant auteur des *Questions Bourguignonnes :*
« Il est impossible de ne pas reconnaître dans les traditions épiques, soit de l'Edda, soit des Minessingers
allemands, des souvenirs confus de notre histoire mérovingienne, du vaillant et malheureux Sigebert
d'Austrasie, assassiné par la femme de son frère, et
de cette fameuse Brunechilde ou Brunehault, venue
des pays enflammés du Midi pour causer parmi nous
la mort de tant de princes. » Si l'on ajoute à cette
observation cette autre, à savoir : que tous les noms
qui apparaissent dans l'un des poèmes cités sont précisément les noms généalogiques des princes qui se
partagèrent, au temps de Charles-Martel, les biens
immenses donnés à l'église d'Autun par Brunehauld et
augmentés par saint Léger, on nous pardonnera la digression dans laquelle nous croyons devoir entrer.

En 531, Childebert fait une expédition en Septima-
nie contre les Wisigoths ariens, persécuteurs de sa
sœur Chrotechilde. Il rapporte avec lui d'immenses
trésors dont il se sert en partie pour doter beaucoup
d'églises ([1]). Un an ou deux après, il s'empare d'*Augustodunum*, met en fuite le roi bourguignon Gode-
mar ([2]), et devient ainsi maître des Etats et des trésors des enfants des brouillards et du vent. Un peu
plus tard les troupes des Burgundes, conduites par
leurs nouveaux maîtres d'origine Franque, vont com-

([1]) Gregor. Tur. *Hist. Franc.*, lib. III, c. X.

([2]) Chlothacharius vero et Childebertus in Burgundiam di-
rigunt, Augustodunumque obsidentes, cunctam fugato Godo-
maro Burgundiam occupaverunt. — Id., c. XI.

battre en Italie, et Theudebert, neveu de Childebert, reçoit d'immenses richesses que ses ducs victorieux lui font parvenir. Les ancêtres de saint Léger, d'après D. Pitra, faisaient partie de cette expédition. En 543, Childebert assiège Sarragosse et rapporte à son retour la tunique de saint Vincent, diacre et martyr. Ce roi, en se rendant en Espagne, avait fait vœu de construire une église en faveur d'un pieux solitaire habitant alors les environs de Bourges, mais qui avait pris l'habit monastique à Perrecy, ancien domaine des patrices romains ou burgundes, dans lequel un monastère avait été établi. A la suite de l'expédition, Childebert accomplit son vœu et fit élever la célèbre basilique de Paris dédiée à saint Vincent, qui fut confiée aux moines de Saint-Symphorien d'Autun. Vers le même temps une église dédiée à saint Vincent s'élève à la porte du monastère autunois, et les deux églises Cathédrales de Chalon et de Mâcon sont mises sous l'invocation du même saint par leurs augustes fondateurs. Childebert est enterré dans la basilique de Saint-Vincent de Paris. Ses *trésors* passent entre les mains de son frère Clotaire (¹). La reine Ultrogothe qui avait contribué aux grandes fondations religieuses de Childebert est envoyée en exil (²). Clotaire meurt en 561 ; son trésor devient l'héritage de Chilpéric son fils (³), qui

(¹) Cujus regnum et Thesauros Chlothacharius rex accepit. — Greg. Tur., lib. iv, c. xx.

(²) Wltrogotham vero et filias ejus duas in exilium mittit. Ibid.

(³) Chilpericus vero, post patris funera, Thesauros, qui in villa Brinnaco erant congregati, accepit. — Ibid, cap. xxii.

veut s'emparer de la capitale du royaume de Childebert ; mais il est obligé de partager bientôt avec Charibert qui obtint Paris, avec Gontran qui eut Orléans, et avec Sigebert auquel échut la ville de Reims. Ce dernier prince qui eut à combattre les Huns, dont le nom occupe une si grande place dans les poèmes des *Niblungen*, épousa bientôt la célèbre fille d'Athanagilde, qui lui fut donnée avec de grands trésors (¹). On connaît sa gloire tristement mêlée à des luttes à main armée avec ses frères. Au moment où, installé dans Paris avec sa femme Brunehilde et ses enfants, il se préparait à poursuivre à outrance Chilpéric, l'Autunois Germain, le grand saint de l'époque, lui dit : « Si tu pars d'ici, si tu renonces à tuer ton frère, tu retourneras chez toi vivant et glorieux ; si tu persistes dans de funestes pensées, tu mourras. Le Seigneur dit en effet par Salomon : *Tu tomberas dans la fosse que tu as préparée pour ton frère.* » Sigebert, aveuglé par ses péchés, négligea cet avis. Au moment où les Francs l'élevaient sur le bouclier, deux valets envoyés par Frédégonde l'assassinèrent à coups de couteaux. Son corps fut déposé dans cette célèbre abbaye de Saint-Médard de Soissons, dont les privilèges ne devaient avoir d'égaux que ceux des royales fondations d'Augustodunum, et qui devait abriter un jour sainte Sigrade, mère de saint Léger. Childebert II son fils lui succède. Il recouvre plus tard le trésor de Sigebert, que les ducs Ennodius et Arnegisile avaient essayé de ravir à son légi-

---

(²) Quam pater ejus non denegans, cum magnis thesauris antedicto regi transmisit. — Ibid, cap. xxvii.

time possesseur ([1]). A la mort de son oncle Gontran, enterré dans la basilique de St-Marcel de Chalon, Childebert unit la Bourgogne à son royaume d'Austrasie. Il meurt en 596. Son royaume est divisé entre ses deux fils, Theudebert et Theuderic. Le trésor d'Autun se révèle alors par une suite de monnaies sur lesquelles apparaissent la tête de Brunehilde unie à celle de ses petits-fils. Les basiliques d'Autun acquièrent des richesses presque fabuleuses. Elles excitent la cupidité du maire du palais Warnahaire, qui après avoir soumis la malheureuse Brunehilde au plus affreux supplice, vient mourir à la villa d'*Auxy,* près d'Augustodunum, frappé lui-même par la justice de Dieu, si on en croit les légendes. Plus tard le riche évêché d'Autun, convoité par différents partis, donne lieu à des luttes sanglantes. Saint Léger, l'un des plus nobles enfants de l'Austrasie, est appelé à pacifier cette église et à l'enrichir encore. Ebroin trouve dans le duc de Champagne Waimer le digne exécuteur de ses entreprises cupides. Le charitable évêque d'Autun Ansbert répare les maux causés par les intrigues des ducs, et meurt vers la fin du septième siècle en laissant son église dans un grand état de prospérité. Trente ans après, les Arabes, faisant irruption par les Pyrénées, arrivent jusqu'en Bourgogne. La destruction d'Autun et le pillage des immenses trésors qui s'y trouvaient renfermés est un des principaux faits de cette invasion que les chroniques du temps enregistrent avec une sorte de solennité.

Charles-Martel refoule les Arabes vers les Pyrénées,

([1]) *Hist. Franc.,* lib. VIII, cap. XXVI.

mais solde ses guerriers avec les biens des églises. Le
comté d'Autun devient la part de son frère *Childebrand*, dont le fils se nomme *Nibelung*, dont les petits-
fils se nomment *Childebrand*, *Nibelung* et *Théodoric*.
Dans cette famille qui se distingue par ses grandes
richesses et par ses goûts littéraires, on ne peut s'empêcher de remarquer l'usage spécial de tous les noms
qui apparaissent avant tous les autres dans les poèmes
dits *Nibelungen*.

La généalogie des nobles Nibelungs, perpétués sur
le sol éduen jusqu'au onzième siècle, nous est fournie, pour l'époque carlovingienne, par le Cartulaire (¹)
de la villa du Patrice (*Patriciac* aujourd'hui Perrecy).
Les actes de ce Cartulaire sont précisément ceux par
lesquels les Nibelungs disputèrent cette riche villa
aux successeurs du moine Eusice dont nous avons
parlé en rappelant les expéditions guerrières et les
fondations pieuses de Childebert. Au douzième siècle,
les traditions poétiques qui se rattachent au nom des
Nibelungs avaient perdu en partie leur caractère pri-
mitif appartenant à l'Odinisme. « Dans les *Nibelungen*

(¹) Le comte Eccard, qui donna le prieuré de Perrecy à l'abbaye de Saint-Benoît-sur-Loire, était fils de *Childebrand*, fils
de *Nibelung*, fils de *Childebrand*. C'est à ces princes que l'on
doit la troisième et la quatrième partie de la continuation de
la Chronique de Frédegaire. Quant à Eccard, dont nous connaissons les riches trésors par son testament authentique, il
légua à Anchesise, archevêque de Sens, les *Gestes des Lom-
bards* et la *Chronique de Grégoire de Tours;* à l'abbesse Bertradane, l'Evangile en *langue tudesque;* à Thierry, fils de *Nivelung,*
une épée indienne et des tables sarrasines.

de la fin du douzième siècle, dit le P. Arthur Martin ([1]),
l'ancien Sigurd, le Siegfried des Allemands, n'est
plus qu'un *chevalier chrétien*. » On ne sera donc pas
surpris de retrouver avec ce savant archéologue la
légende germanique de Sigurd mêlée à celle du chevalier romain saint Eustache, dans un monument
conçu sous l'empire des idées chevaleresques excitées
par les Croisades, et dédié à saint Lazare, modèle et
protecteur des frères hospitaliers. On ne sera pas surpris non plus de voir la même légende germanique du
VICTORIEUX possesseur des *trésors* des *fils de la splendeur*, le héros Sigurd de la race des Sicambres, unie
à la légende du VICTORIEUX défenseur des *trésors de
l'Eglise*, le diacre saint Vincent, dans un édifice religieux élevé en réparation des dommages causés par
les leudes austrasiens aux fondations mérovingien-
nes, et particulièrement à celles de *Brunehilde*, l'é-
pouse de *Sigebert*. Le chef de l'école Cathédrale
d'Autun au douzième siècle, Honorius, ne pouvait

([1]) On a vu par une note placée plus haut que les noms germaniques *Sigurd, Siegfried, Sigebert* sont synonymes ; ils si-
gnifient le *victorieux* comme le nom latin *Vincentius*. On sait
toute l'importance que les anciens attachaient à la synonymie
et à la valeur poétique des noms propres. « Quand nous autres *fils de la victoire* nous serons rassemblés, dit Sigurd dans
l'Edda, on saura lequel naquit plus valeureux. » (*Mélanges
d'Archéol.*, vol. III, p. 102). « Vincentii *victoriam* maria cela-
bunt, » disent les officiers de Dacien en jetant le corps de saint
Vincent à la mer. « Christi miles post mortem quoque ostendi-
tur *invictus*, quem nec supplicia *vincere* nec maria quiverant,»
ajoute la légende de saint Vincent. (Bolland., XXII jan. p. 397.)

ignorer notre histoire locale. Il est certain qu'il connaissait beaucoup l'Allemagne.

Après une digression trop longue peut-être, mais
en elle-même nécessaire, exposons le plan iconographique de Saint-Lazare.

Nous avons dit que le plan ichnographique donne
l'idée de deux églises se coupant à angles droits, terminées, l'une par un autel dédié à saint Lazare, l'autre par un autel dédié à la Sainte-Croix. Ce fait qui
est indiqué par quelques détails architechtoniques, a
pour raison l'union du culte de la Sainte-Croix à celui
de saint Lazare dans la basilique Saint-Nazaire, ainsi
que les préoccupations auxquelles donnaient lieu les
Croisades.

Les sculptures du portail latéral, représentant la
résurrection de saint Lazare et l'importance donnée à
la légende de saint Eustache et aux apparitions de
croix, dans les figures du grand portail, démontrent
l'intention formelle d'unir ces deux cultes, intention
dont on trouve une autre preuve dans les méreaux de
la même église qui représentent d'un côté une croix
ancrée (¹), de l'autre saint Lazare ressuscité.

(¹) Les armes de l'église Saint-Lazare sont une croix de sa-
ble sur un champ de gueules. Il est bien probable que l'on
avait voulu indiquer ce signe héraldique au tombeau renfermant les reliques de saint Lazare ; car l'entrée du caveau était
fermée par une pierre carrée de *porphyre rouge*, fixée par deux
bandes de fer croisées *en fer de moulin*. — Il ne faut pas oublier non plus que la croix était l'un des attributs spéciaux de
sainte Marthe, sœur de saint Lazare, qui avait remporté une
victoire signalée contre le monstre nommé *Tarasque*. — *Mo-*

L'union du culte de saint Lazare, auquel était dédiée la grande abside, au culte de ses deux sœurs, dont les autels étaient placés dans les absides latérales, se trouvait indiqué sur le trumeau du grand portail. On y voyait en effet, de face, l'image de saint Lazare en costume d'évêque, et par côté les images de sainte Marie-Madeleine et de sainte Marthe. On sait que saint Lazare et ses sœurs sont, dans l'enseignement traditionnel, le type des trois faces de la vie chrétienne, vie de pénitence, vie d'action, vie de contemplation ([1]).

L'idée de conversion, de passage de la mort du péché à la vie de la grâce, figurée, d'après les saints Pères, par la résurrection de saint Lazare, était exprimée au portail latéral par le parallélisme établi entre la représentation de ce fait évangélique et celle du fait biblique de la chute d'Adam. Les vases de parfums placés entre les mains des deux sœurs de Lazare indiquaient les œuvres de miséricorde et les œuvres de piété. ([2])

La nécessité de réparer les torts faits à l'église par les déprédateurs de ses biens, d'expier les désordres

num. inédits sur l'apost. de sainte Madeleine. — T. I, col 208 et suiv.

([1]) Consideremus, fratres, quemadmodum tria hæc distribuerit ordinatio caritatis, Marthæ administrationem, Mariæ contemplationem, Lazaro pœnitentiam. Habet hæc simul quæcumque perfecta est anima : magis tamen videntur ad singulos singula pertinere. — S. Bern. Serm. 2, In. Assumpt.

([2]) Intret ergo domum Salvator, et frequenter visitet eam, quam pœnitens Lazarus mundat, ornat Martha, et Maria replet internæ dedita contemplationi. — Ibid.

auxquels entraînait la cupidité, se trouvait trop liée
à la fondation de la basilique Saint-Lazare pour n'a-
voir pas été fortement exprimée par le sculpteur éner-
gique au ciseau duquel nous devons la décoration
principale. Aussi voit-on, dans la grande composition
du tympan, d'affreuses griffes sortant de l'enfer pour
saisir un malheureux damné, placé entre le symbole
de l'avarice et celui de la luxure. (¹)

Pénétré de toutes ces idées et voulant les ramener
à l'unité, le décorateur de Saint-Lazare combina une
suite de sujets iconographiques dont on ne peut mé-
connaître la liaison et l'enchaînement.

Le portail latéral placé en face de la Cathédrale
Saint-Nazaire, là-même ou fut jadis l'entrée de l'établissement de charité fondé par saint Léger, indiqua
la dédicace principale du monument et comme l'histoire abrégée de sa fondation. On y remarquait, d'a-
près un procès-verbal du quinzième siècle, de grandes
images de pierre placées dans le tympan, qui repré-
sentaient la résurrection de saint Lazare et au-dessous
desquelles on voyait les figures d'Adam et d'Eve. Ce
grand motif n'existe plus. Le linteau sur lequel on re-
connaissait l'histoire de la chute de l'homme a disparu
également avec le trumeau chargé de figures; mais
nous voyons encore sur les chapiteaux des colonnes
placées de chaque côté de ce portail Adam et Eve se

(¹) On doit faire observer que trois ou quatre conciles, tenus
à Autun dans les dernières années du onzième siècle, avaient
eu pour objet de réprimer l'envahissement des biens de l'E-
glise et les mariages incestueux.

couvrant de feuilles après leur péché ; les sœurs de
saint Lazare aux pieds du Sauveur qui ressuscite son
ami ; le mauvais riche repoussant le pauvre Lazare,
et enfin le pauvre Lazare reçu dans le sein d'Abraham
qui à son tour repousse le mauvais riche.

Le règne du Christ vainqueur est représenté au
grand portail ([1]). Le Fils de Dieu environné de la gloire
que portent des anges est assis sur un trône. Près de
lui se trouve Marie sa mère et deux personnages dont
l'attribution est indécise. Il est là pour juger l'univers,
comme l'indiquent deux vers ([2]) gravés sur le bord
de l'ornement elliptique en forme de bouclier auquel
les iconographes donnent le nom de *gloire*. A ses
pieds les mortels sortent de leurs tombeaux avec des
attributs qui révèlent leurs bonnes ou mauvaises œuvres. Un ange placé au centre du linteau et armé d'un
glaive sépare les méchants d'avec les bons. Ceux-ci

_____

([1]) La grande scène du jugement dernier est un sujet trop
souvent répété sur le portail des églises pour qu'il faille chercher une raison spéciale de son existence sous la grande archivolte de l'église Saint-Lazare. Toutefois on peut noter que les
saints Pères aimaient à rapprocher cette grande scène de celle
de la résurrection de son ami. — Quid enim sibi vult, quod
Dominus ad monumentum accessit, magna voce clamavit :
Lazare, exi foras : nisi ut *futuræ resurrectionis specimen*
præstaret, exemplum daret ? — Ambros. *De fide resurrect.*
Voir aussi S. Augustin. Tract. 49, *In. Evang.*

([2]) Omnia dispono solus meritusque corono,

Quos scelus exercet, me judice, pœna coercet.

« Seul, je dispose toutes choses et je couronne la vertu ; je
» suis constitué le juge des hommes criminels, et ma sentence
» est la règle de leur punition. »

tendent vers la Jérusalem céleste placée à droite de
Jésus-Christ, les autres sont entraînés dans l'enfer
placé à sa gauche. Là on voit l'archange saint Michel,
pesant les ames que le démon lui dispute avec au-
dace.

La grande archivolte s'épanouit autour de cette
vaste composition et se divise en trois cintres. Celui
qui environne immédiatement le tympan était couvert
par les figures des patriarches et des prophètes. Il
reposait sur deux chapiteaux offrant l'un l'image de
la présentation de Jésus au temple, l'autre les vieil-
lards de l'Apocalypse chantant les louanges du Verbe
triomphant. Le cintre qui suit est décoré par des branches de mûrier, symbole de la croix et de la translation de la grâce des juifs aux gentils (¹). Les chapiteaux sur lesquels il retombe représentent l'apparition de la croix à saint Eustache et les épreuves de
ce généreux chevalier. Les signes du zodiaque
auxquels se trouvent intercalées les figures des douze
travaux de l'année ornent le troisième cintre qui est
reçu par des chapiteaux sur lesquels on remarque
d'un côté l'apologue du Loup et de la Cigogne, et de
l'autre l'histoire du Lion de saint Jérôme, symboles
d'ingratitude et de reconnaissance. Quand on étudie

(¹) Dicetis huic arbor moro : eradicare et transplantare in
mare : et obediet vobis. — Luc xvii, 6. — *Huic arbori moro,*
hoc est ipsi Evangelio *crucis Dominicæ,* per poma sanguinea,
tanquam vulnera in ligno pendentia, victum populis præbi-
turæ. Dicant ergo illi ut eradicetur de perfidia *Judæorum* et
in mare *gentium* transferatur atque plantetur. — August.,
Quest. Evang., lib. ii, quest. 39.

le symbolisme du douzième siècle, il est difficile de ne pas voir dans la disposition iconographique des trois cintres l'indication de la loi de nature, de la loi écrite, et de la loi de grâce (¹). Deux consoles sur lesquelles on voit l'image du *destructeur* de l'Apocalypse, monté sur un hippogriffe et armé d'une massue, ainsi que celle du faux prophète Balaam, supportent le linteau.

David allant attaquer Goliath avec cinq pierres, puis rapportant la tête coupée du géant, est figuré sur les chapiteaux des colonnes qui ornent la petite porte conduisant au collatéral de sainte Marie-Madeleine. Ses combats victorieux contre les lions et les ours (²) sont représentés sur les chapiteaux de la petite porte

---

(¹) Honorius d'Autun revient à tout propos, dans ses Explica-tions liturgiques, sur ces trois temps, dont le premier com-mence à Adam et s'étend jusqu'à Moïse ; tandis que le second s'écoule de Moïse à Jésus-Christ ; comme le troisième s'ac-complit de la prédication évangélique à la gloire céleste.

(²) Reg. I, 17. — Honorius d'Autun comparant le saint sa-crifice de la messe à un combat du Christ contre les démons, dit : Cum ecclesiam *intramus,* quasi ad *stationem* pervenimus. Cum campanæ sonantur, quasi per classica milites ad prælium incitantur ; quasi vero acies ad pugnam ordinantur, dum utriusque in choro locantur. Cantor qui cantum inchoat, ut tubicina qui signum ad pugnam dat... Cum ergo a subdiacono et aliis sacrificium instituitur, quasi a David, a Saul, et populo armis induitur... Porro cum pontifex ad altare venit, quasi David adversus Philisteum procedit. Per calicem mulctrale accipitur, per corporale funda, per oblatam petra intelligi-tur... David contra Philisteum *baculum* portavit, et Christus contra diabolum *crucem* bajulavit. Per *fundam* Christi *caro,* per *lapidem* ejus *anima.* — (Gemm. anim., lib. I, cap. 73, 74, 79, 81.)

conduisant au collatéral de sainte Marthe. Dans les idées d'Honorius d'Autun, ces images sont une exhortation à embrasser *la croix* avec confiance, afin de combattre victorieusement l'ennemi du bien. Le chapiteau du trumeau du grand portail offre du côté extérieur l'image de deux personnages entrelacés par des rinceaux et dont les bras supportent le linteau. On voit du côté intérieur Jacob partant pour la Mésopotamie, luttant avec l'ange et consacrant la pierre *Bethel*. Cette image a évidemment pour but de rappeler les passages du chapitre vingt-huitième de la Genèse relatifs au respect dû à la *maison du Seigneur*.

Le tombeau de saint Lazare, comme nous le verrons, occupait le fond de la grande abside. L'enseignement symbolique attaché à sa mort et à sa résurrection et qui n'est autre que la réparation du genre humain par la grâce, entrait si bien dans les intentions de l'artiste chargé de décorer l'église dédiée à ce saint, que sur les vingt-huit chapiteaux recevant la retombée des arcs-doubleaux de la maîtresse-voûte, soit dans la nef, soit dans le transept, trois seulement sont historiés. Ils représentent l'histoire de la chute de l'homme et de l'Incarnation. La place qu'occupent les différents motifs est tellement choisie que la pensée de l'artiste ne laisse aucun doute. Le fait de la tentation et de la chute du premier homme, ainsi que celui de l'Annonciation, sont placés précisément là où se trouverait la plaie faite au côté de Jésus-Christ, si l'on se représentait le Sauveur des hommes étendu sur la croix formée par le plan de la basilique. L'image des quatre fleuves du paradis terrestre que l'on voit à la naissance de l'arc triomphal sont un symbole très connu des grâces abondantes répandues sur l'humanité par l'Incarnation divine et par le sacrifice de l'Homme-Dieu (¹).

Il convenait de spécifier le collatéral dédié à sainte Madeleine par l'indication des consolations ménagées par le Seigneur aux ames qui se confient en lui au milieu des séductions de ce monde, et le collatéral de sainte Marthe par l'indication des épreuves de la vie active et de la force qu'elles exigent. Aussi voyons-nous apparaître l'action des bons anges dans presque tous les sujets sculptés sur les chapiteaux du collatéral de sainte Madeleine, et celle des mauvais anges sur les chapiteaux du collatéral de sainte Marthe. Ne perdant pas de vue la pensée d'unité que nous avons indiquée, l'artiste a résumé les tentations auxquelles on résiste soit avec les consolations des bons anges, soit avec l'énergie contre le démon. D'un côté les suites de la luxure sont indiquées par le combat acharné de deux coqs, de l'autre côté l'image du veau d'or signale l'apostasie à laquelle conduit la cupidité.

La série des images du collatéral de sainte Madeleine commence par la hideuse figure d'un monstre qui se repaît de ses excréments, symbole évident des désordres

_____

(¹) On conçoit qu'on ait réparti avec sobriété les chapiteaux *historiés* dans la partie la plus élevée de l'église, la distance du spectateur à l'objet figuré en rendant la vue plus difficile. Mais alors le choix des sujets n'en est que plus instructif; puisque l'existence de ses sujets n'est motivée que par le besoin d'écrire en images la pensée qui a dirigé le plan de l'édifice.

d'une ame qui, ne vit que pour les choses des sens. —
Vient ensuite la légende de la naissance de la Vierge
immaculée, combinée avec celle de la naissance d'Isaac
et du sacrifice d'Abraham. Il y a comme un résumé de
l'Ancien Testament dans ce rapprochement du fait biblique et de la légende. On voit successivement les
trois jeunes hébreux jetés dans la fournaise pour n'a-
voir pas voulu partager les usages impurs de Babylone,
mais assistés par des anges qui empêchent l'action
corrosive des flammes ; — les chaînes de saint Pierre
brisées par un esprit céleste ; — des guérisons mira-
culeuses ; — le prophète Habacuc transporté par un
ange et venant nourrir le prophète Daniel jeté dans
la fosse aux lions ; — Jésus tenté dans le désert,
transporté par Satan sur le pinacle du temple, mais
assisté par les anges ; — Marie Madeleine et les saintes femmes, allant au tombeau de Jésus-Christ et
apprenant d'un ange l'heureuse nouvelle de sa résurrection ; — l'image de la concorde et la prospérité
représentée par deux princes nourris par les fruits
d'un même arbre ; — la punition de la polygamie
dans la légende de Lamech tuant Caïn ; — l'union de
la force et de la grâce dans les deux colonnes *Jachin*
et *Booz ;* — l'union d'un prince et d'un abbé pour offrir
une église à Dieu ; — la jalousie d'Hérode ; — l'a-
doration des Mages ; — leur retour dans leur pays sans
passer par Jérusalem à cause d'un avertissement céleste ; — la fuite en Egypte : — deux figures (¹) em-

---

( ) L'une de ces figures représente un homme honteusement
nu, ayant une tête de chacal, portant une hache de la main

pruntées peut-être aux traditions germaniques pour indiquer la fureur des passions déchaînées contre *l'innocence,* qu'indiquerait un enfant à genoux, et les mains croisées sur sa poitrine, attendant le coup de la mort ; — enfin Jésus-Christ apparaissant en *frère hospitalier* pour soulager toutes les misères.

La série des images du collatéral dédié à sainte Marthe et destinée à représenter la lutte que les saints ont à soutenir contre la cupidité et les désordres qu'elle entraîne, commence par trois sujets bien significatifs. Une femme nue cachant son désespoir et sa honte en couvrant son visage de ses mains, est entraînée au moyen d'un instrument à dents par un géant accompagné d'un monstre. — En face se trouve, suivant une savante dissertation du P. Martin ([1]), la victoire du héros Sigurd sur le dragon Fafnir. Le sujet était tellement usité pour indiquer la vertu de force et de courage, qu'il était traité de préférence par les artistes anciens sur les boucliers et sur les tentures ([2]). On le remarque aussi sur l'un des piliers de la Cathédrale de Frisingue ([3]). A Autun le héros Sigurd se relevant

droite et saisissant de la main gauche les cheveux d'un enfant qu'il veut frapper. L'autre figure est celle d'une femme éhontée, dont les cheveux sont hérissés comme ceux d'une furie ; elle est armée d'un glaive et d'une pierre. L'homme-chacal indique la gloutonnerie, ainsi que la luxure et la cruauté qui en sont les résultats ordinaires. — Voir D. Pitra. *Spicilegium Solesm.* t. III, p. 64. Il est indubitable que l'artiste a voulu représenter les caractères indiqués dans ce passage.

([1]) *Mélang. d'archéol.,* vol. III, p. 100.

([2]) Id., p. 113.

([3]) Id., p. 95. La ville de Frisingue appartient à la Bavière,

6

de la fosse dans laquelle il s'est blotti, perce avec la merveilleuse épée Grani, fabriquée des débris du glaive de son père Sigmund, le dragon Fafnir, possesseur des trésors du nain Anduari, au moment où le monstre suit le sentier dans lequel Sigurd lui a dressé un piège. — Sur le même pilier, mais sur un autre chapiteau, on remarque deux oiseaux défendant le corps de saint Vincent contre les attaques de deux ours. Cette légende indique, dans les traditions iconographiques, le repos dû aux reliques des saints, comme le mythe germanique de Sigurd indique la noble mission des chevaliers, appelés à défendre la faiblesse opprimée et à combattre les ravisseurs des trésors sacrés. Cette observation nous porte à croire que la femme nue, entraînée par un géant qu'accompagne un monstre, pourrait bien être la Valkyrie du Valhalla, la vierge Criemhild, fille du roi bourguignon Gibich

et est située près des bords de l'Isar. On sait que la Bavière tire son nom d'une colonie de *Boii*, frères d'origine des *Boii* du sol éduen. Or c'est dans cette partie du pays éduen qu'avaient leurs principaux domaines les comtes dont la généalogie présente fréquemment le nom *Nibelung*. Cette église reconnaît pour ses principaux bienfaiteurs l'empereur Frédéric Barberousse et sa femme Béatrix de Bourgogne, très proche parente de la principale bienfaitrice de l'église Saint-Lazare, Ermentrude de Bar. Un prêtre nommé *Sigefrid* écrivit vers l'onzième siècle, pour l'évêque de Frisingue Valdo, un livre d'Evangiles écrit en *langue théotisque,* comme celui que le comte Eccard, bienfaiteur de Perrecy, donna, dans le siècle précédent, à l'abbesse Bertradane. A l'époque où le sculpteur Gislebert travaillait aux sculptures de la Cathédrale, le célèbre Othon, depuis évêque de Frisingue, habitait Citeaux.

de Worms, enlevée par un infame géant transformé en dragon, mais délivrée par le brave Siegfried ou Sigurd ([1]) ; à moins cependant qu'il ne s'agisse ici de la Valkyrie Brynhilde, entraînée dans le Château des flammes d'où la fit sortir la valeur du même héros. L'instrument à dents recourbées ressemble en effet aux instruments de fer qui servent à faire mouvoir les objets jetés dans les fournaises.

A la suite de ces trois sujets qui paraissent avoir eu pour but de rappeler avec quel zèle les chevaliers doivent employer leur bravoure pour défendre les opprimés et protéger les richesses consacrées au culte des saints, on voit un personnage placé sur un arbre, combattant, avec le bâton double des lépreux, un autre personnage placé au pied de l'arbre et armé d'une hache. — La simonie, désordre contre lequel on faisait alors tant de règlements, est indiquée ensuite par la légende de Simon le Magicien, cherchant à voler dans les airs pour nuire à la mission des apôtres, mais précipité honteusement sur la terre, par la vertu des pouvoirs de saint Pierre et des prières de saint Paul. On remarque plus loin un personnage chargé de sonnettes qu'il fait mouvoir. D'habiles archéologues y voient une figure de la musique. Le rapprochement de ce sujet avec celui qui est placé en face, et qui représente Jésus-Christ lavant les pieds des apôtres et donnant par là l'un des plus mémorables exemples d'humilité et de charité à tous ceux qui sont chargés d'exercer l'hospitalité, nous avait fait penser que

([1]) Id., p. 114.

l'homme aux sonnettes indiquait la fausse charité appelée par saint Paul *cymbalum tinniens.*—Un lion terrassé par un personnage monté sur lui et qui de ses mains écarte ses mâchoires paraît être le symbole de la vertu de force. — Vis-à-vis on voit saint Etienne lapidé par les Juifs pendant que Saul, non converti, garde ses vêtements. — Samson ébranle les colonnes de la salle dont les ruines doivent écraser les Philistins. — L'arche de Noé est arrêtée sur le mont Ararat. C'est un symbole bien connu de l'Eglise véritable. — Judas, appuyé sur le démon de l'avarice qui tient une bourse, livre le sang du juste au prince des prêtres qui a pour escabeau le démon de la haine et de la jalousie. Le sang du juste est représenté par une coupe. — En face le Seigneur vient reprocher à Caïn la mort de son frère Abel ([1]). — A côté, Judas est pendu par les deux démons qui l'ont conduit à trahir son Maître. — En entrant dans la chapelle de sainte Marthe, on voit un sujet compliqué dans lequel nous croyons devoir reconnaître la lutte d'Enoch et d'Elie contre l'antechrist ([2]), si on le lie surtout à un chapi-

---

[1] Nous ne pouvons nous empêcher ici de faire remarquer un parallélisme bien sensible.

Dans le collatéral de Sainte-Madeleine *deux* princes vivent en paix des fruits *d'un* même arbre. Dans le collatéral de Sainte-Marthe, au lieu correspondant, on voit l'arche, symbole d'unité. Dans le premier collatéral, on remarque le meurtre de Caïn par Lamech ; dans le second, le meurtre d'Abel par Caïn : deux symboles de discorde auxquels vient mettre le sceau la trahison de Judas.

[2] Saint Brunon d'Asti, moine de Cluny, applique à l'ante-

teau voisin sur lequel on remarque un guerrier poursuivant un sphinx avec une fronde. — Il y a bien de
l'apparence que les oiseaux à plusieurs têtes placés
près de là, et sur l'un desquels on voit un homme
armé, symbolisent aussi cette lutte suprême du bien
contre le mal. — Le dernier sujet représente Jésus-
Christ tenté par le démon qui lui présente une pierre
en l'invitant à la changer en pain, ce qui amène cette
réponse du Sauveur : *l'homme ne vit pas seulement
du pain matériel, mais de toute parole sortie de la
bouche de Dieu*; en face on voit un prince richement vêtu et montant un cheval caparaçonné dont
le pied foule un petit homme nu. Ce sujet, dont l'ana-
logue se retrouve en beaucoup de lieux de l'ancienne
Aquitaine surtout, n'a pas une signification unanime·
ment admise par les archéologues. — Plusieurs ont
cru l'expliquer convenablement en disant qu'il représente la punition d'Holopherne, déprédateur du temple de Jérusalem. — Il nous a semblé, qu'à Autun,
l'opposition de ce sujet à celui de Jésus-Christ, humi-

christ plusieurs passages de Job relatifs à Léviathan. (Biblioth.
max. PP. t. 20, col. 1676.) Sur le chapiteau d'Autun on voit
un monstre dont la queue se recourbe pour porter un guerrier armé d'un glaive ; la gueule du même monstre est ouverte
et se fait remarquer par ses dents aiguës contre lesquelles est
dirigée la flèche que lance un sagittaire. Or, d'après Brunon
d'Asti, le *glaive* et la *queue* de Léviathan figurent l'antechrist.
Ses dents représentent les hérétiques. Le *sagittaire* indique la
prédication d'Enoch et d'Elie, ainsi que le *guerrier armé d'une
fronde*. Aussi, sur un chapiteau voisin de celui-ci, on voit un
guerrier poursuivant un sphinx avec une fronde.

lié par le démon qui lui présente le problème social le plus important pour les ames vouées aux bonnes œuvres extérieures, semble indiquer la lutte de la puissance orgueilleuse contre la gloire de l'humble charité. (¹)

Nous avons fait observer ailleurs que depuis la sculpture qui représente l'adoration des Mages jusqu'à celle-ci, il y a une suite de motifs dont Honorius d'Autun, dans son Commentaire sur le Cantique des cantiques (²), se sert pour symboliser les six épreuves, sous la loi de grâce.

La première épreuve, selon lui, est la lutte de l'Eglise contre la synagogue. Elle commence à *Hérode* et s'étend jusqu'à la vocation des gentils. — Nous avons vu les sujets relatifs à *Hérode* et à ses persécutions. — La deuxième épreuve est la lutte entre les chrétiens et les païens. Elle est symbolisée par *Simon le Magicien* s'opposant aux apôtres et par le martyre de *saint Etienne*. Ces deux sujets viennent, à Saint-Lazare, à la suite de la persécution d'Hérode. — La troisième épreuve est la lutte entre les catholiques et les hérétiques dont le chef est *Arius*. — On se rappelle la sculpture représentant *l'arche,* symbole bien connu de la véritable Eglise. Brunon d'Asti, contemporain d'Honorius d'Autun (³), dit positivement que

(¹) On doit se rappeler que sur le chapiteau correspondant dans le collatéral de Sainte-Madeleine, Jésus-Christ est représenté en frère hospitalier, portant le bâton double et l'aumônière.

(²) In capit. viii.

(³) Lib. 1, *Sentent.* cap. ii.

le corbeau sorti de l'arche est la figure d'*Arius*. — La quatrième épreuve est la lutte des religieux rencontrant des faux frères, dont le type est *Judas* trahissant son divin Maître. — A la suite de l'arche nous voyons, à Saint-Lazare, *la trahison de Judas* et le meurtre d'Abel. — La cinquième épreuve est la lutte *d'Enoch et d'Elie* et des prédicateurs évangéliques contre l'antechrist. — Nous avons expliqué la sculpture qui se rapporte à ce sujet. — La sixième épreuve est le combat du *Roi de Gloire* contre le *roi de la Superbe,* c'est-à-dire de *Jésus-Christ* contre *le démon*. — Or le dernier sujet sculpté rappelle la parole par laquelle le Verbe divin confond la sagesse diabolique en montrant la supériorité de la vie spirituelle sur la vie matérielle, solution dernière de tous les problèmes posés par la cupidité orgueilleuse.

Le lecteur, en réfléchissant sur la suite et l'ensemble des diverses sculptures de Saint-Lazare et sur le rapport manifeste de plusieurs d'entre elles avec les idées d'Honorius d'Autun, pensera sans doute que les circonstances dans lesquelles cette église a été construite, et que l'enseignement du célèbre écolâtre d'Autun, ont laissé dans son plan et dans les images qui la décorent une empreinte profonde qui mérite d'être étudiée.

Consécration de l'église dédiée à saint Lazare.

Cette grande construction, d'une ornementation si riche et si expressive, fut commencée vers 1120, .

comme nous l'avons dit. On travaillait encore à l'a-
chèvement de sa décoration dix-huit ans plus tard.
Reprenons la suite de son histoire. Vers le commencement de 1132, le pape Innocent II, se rendant
d'Auxerre à Cluny, s'arrêtait à Autun et consacrait de
sa main cet édifice qu'il dédiait à saint Lazare, frère
de Marthe et de Marie, ressuscité par Jésus-Christ, et
depuis évêque de Marseille. Au mois de février, pendant qu'il résidait à Lyon, le même pape accordait une
bulle afin d'assurer aux chanoines de la Cathédrale
d'Autun la possession de la nouvelle basilique et des
terrains adjacents. Voici la teneur de ce précieux monument que nous traduisons sur la pièce originale
conservée aux archives de l'Evêché.

« Innocent, évêque, serviteur des serviteurs de
Dieu, à nos très chers fils les chanoines de l'église
d'Autun, tant présents que futurs à perpétuité. L'autorité de notre charge nous engage à veiller au bon
état des églises et à pourvoir utilement, avec l'aide de
Dieu, à leur repos et à leur tranquillité. Or, nos très
chers fils, comme vous nous avez demandé humblement
de confirmer, en vertu de notre autorité apostolique,
les propriétés et les biens qui appartiennent de droit
aux églises de Saint-Nazaire et de Saint-Lazare ; cédant
aux instances de notre vénérable frère, Etienne, évêque d'Autun, prélat recommandable et tout dévoué à
l'Eglise romaine, nous avons résolu de satisfaire votre
vœu. Nous avons en effet décrété que toutes les possessions et tous les biens dont vous jouissez légitime-
ment, selon les canons, ou que vous possèderez, grâce
à Dieu, dans la suite par la concession des pontifes,

la libéralité des rois, et les donations des princes, vous
soient définitivement assurés et demeurent à perpétuité dans votre domaine. Parmi ces biens nous avons
jugé convenable de spécifier ceux qui suivent : c'est
d'abord la terre au milieu de laquelle s'élève l'église
de Saint-Lazare selon ses limites certaines indiquées,
d'un côté par la voie publique qui se dirige de la porte
du Château au cloître des chanoines, d'où part une
autre rue conduisant à Riveau et limitant de ce côté
ladite terre au carrefour de Saint-Quentin. De la porte
du Château une seconde voie tirant immédiatement
sur la droite, mais fléchissant bientôt vers la gauche,
continue de limiter ladite terre jusqu'au carrefour de
Saint-Quentin déjà cité. Par la teneur du présent écrit
nous confirmons l'acte solennel par lequel l'illustre
seigneur Hugues, duc de Bourgogne, vous a cédé
cette terre libre de toutes exactions et de toutes ser-
vitudes. Ce sont ensuite les églises de Tillenay, de
Chandostre et d'Ouge, avec toutes leurs dépendances,
que Gauthier, évêque de Chalon, de bonne mémoire,
à restituées ou accordées à votre manse capitulaire, en
se réservant le droit synodal d'hiver. Ce sont encore
l'église de Sainte-Marie de Reclenne et la terre adja-
cente, pour laquelle le grand-chantre Guillaume vous
payait un cens annuel, l'église de Laizy et le domaine
de même nom, avec les hommes, les moulins, les pê-
cheries, les usages, que Gauthier de Glaine vous
donna pour le bien de son âme, avec l'assentiment de
l'illustre seigneur Aldon. C'est enfin la rente annuelle
de quinze sols et une obole que vous doivent les moines du château de Saint-Brice, au territoire de Bour-

7

ges. Nous ordonnons en conséquence qu'il ne soit
permis à personne de troubler témérairement ou de
vous enlever la possession de ces biens, de les retenir après les avoir enlevés, de vous fatiguer de quelque manière que ce soit, de telle sorte que vous puis-
siez en jouir intégralement et pour tous vos légitimes
intérêts, sauf néanmoins les droits de l'évêque d'Autun
et les égards qui lui sont dus. Donc, si dans la suite
des clercs ou des séculiers, connaissant la teneur de
notre présente Constitution, étaient assez téméraires
pour la violer, et pour ne pas donner une satisfaction
convenable après deux ou trois punitions, qu'ils soient
privés de la dignité de leur puissance et de leur honneur; qu'ils sachent la rigueur de la sentence divine qui
sera portée contre leur crime ; qu'ils soient privés du
corps et du sang de notre Dieu, de notre Seigneur et
Rédempteur Jésus-Christ; qu'ils soient soumis à la céleste vengeance du jugement dernier. Que ceux au
contraire qui respecteront nos décrets, obtiennent, par
les mérites des bienheureux apôtres Pierre et Paul, la
grâce de Dieu tout-puissant et la récompense de la
félicité éternelle. Ainsi soit-il.

Donné à Lyon, par la main d'Aimeric, cardinal diacre de la sainte Eglise romaine, et chancelier, le quatrième jour avant les calendes de mars, indiction
dixième, l'an de l'Incarnation mil cent trente-deux, la
troisième année du pape Innocent. » Parmi les cardinaux qui signent cet acte on remarque le nom du célèbre Mathieu, évêque d'Albano.

En 1147, le sculpteur Gislebert, dont le nom se trouve
inscrit sur le portail de l'édifice, n'avait pas encore

mis la dernière main aux riches décorations confiées à son talent. Cependant les croisés bourguignons qui allaient se rendre à la Terre-Sainte demandèrent comme une grâce qu'on leur ménageât la satisfaction d'assister, avant leur départ, à la translation du corps de saint Lazare qui devait être porté de la Cathédrale, où il reposait depuis plus d'un siècle, dans le temple majestueux que l'on venait d'élever à son honneur. Leur empressement était d'autant plus grand qu'à ce moment le sol de l'Europe et de la France en particulier se couvrait de maisons de charité dédiées à saint Lazare, et que le nom de l'hôte de Jésus-Christ était porté par un ordre religieux rendant de grands services aux pèlerins. Nous allons traduire le récit un peu oratoire et emphatique d'un témoin oculaire qui a raconté néanmoins les faits dans le plus grand détail.

« Nous avons attaché, dit-il, un grand prix, frères bien-aimés, à discourir brièvement, avec l'assistance du Saint-Esprit, sur la révélation du bienheureux Lazare, mort pendant quatre jours, et ressuscité par Notre Seigneur Jésus-Christ. Nous confions à votre mémoire cet important souvenir que nous relatons dans un écrit authentique. Avec quelle piété ne devons-nous pas célébrer annuellement le souvenir du jour où se sont passées les choses que nous allons raconter ! qu'un juste et solennel tribut de louanges, de gloire et d'actions de grâces soit rendu à notre Créateur et à notre bienfaiteur qui, par sa seule bonté et non par nos mérites, se montre de jour en jour admirable dans ses saints ! que la dévotion des peuples de cette contrée s'affermisse et se perpétue au nom du

Seigneur! Nous avons entrepris d'écrire ce que nous
avons vu et ce que nous avons entendu, afin de satisfaire le désir religieux qui est en nous de transmettre
à la postérité, appelée à s'en réjouir par une fête
anniversaire, le sujet d'allégresse tant désiré par nos
prédécesseurs, qu'il nous a été donné à nous plus heureux de contempler de nos yeux. La joie de nos successeurs et la ferveur de leurs âmes dans cette solennité seront d'autant plus grandes, que leur intelligence
plus éclairée par notre écrit saisira plus promptement
la réalité des faits dont ils n'ont point été les témoins
oculaires. Les choses que notre présomptueuse faiblesse, enhardie par un pieux sentiment, va confier à
votre sage autorité, sont certainement grandes ; elles
ont pour vous un intérêt spécial ; elles importent au
bien de la contrée tout entière. Si vos nobles intelli-
gences découvrent des imperfections dans notre travail, la *charité* qui, mettant de *côté la crainte* et l'a-
mour du repos, nous a pressé d'exprimer nos pensées,
nous servira d'excuse. La charité n'est-elle pas la
source vraie qui jaillit jusqu'à la vie éternelle? N'est-
elle pas la fin de la loi et des prophéties? N'est-elle
point la gardienne de toutes les vertus? Si l'on ne
veut rien pardonner à notre infirmité, qu'on accuse
celui dont nous sommes comme l'instrument. Si quelqu'un censure notre opuscule, guidé par un zèle qui
n'est point celui du Seigneur, nous aimons mieux
l'exposer à refuser de lire des choses simples et hum-
bles mais utiles, que de négliger ce qui importe à l'é-
dification commune. Vous devez nous supporter volontiers, vous qui êtes nos frères et nos maîtres. Nous

ne dirons rien en effet que nous n'ayons reçu par tradition des sages et qui ne soit conforme aux règles de l'Eglise, ajoutant cependant plusieurs choses selon notre capacité. C'est du reste un devoir pour nous de rapporter tout à Dieu. Revenons, avec son secours, à notre récit. »

« Dans le temps où Louis, roi des Français et duc d'Aquitaine, fils du roi Louis, se disposait, par l'inspiration de l'esprit de Dieu, à combattre les nations ennemies du nom chrétien et à les conquérir au Christ, son Créateur et son Rédempteur ; alors que ce prince généreux prenait la croix au mont de Vézelay, dans la grande fête de Pâques où l'Eglise célèbre la résurrection du Seigneur ; alors que les grands du royaume et une foule de barons venus de tous les pays se croisaient avec lui et que des larmes de joie coulaient de leurs yeux attendris, le seigneur Humbert, évêque d'Autun par la grâce de Dieu, prélat issu du sang royal, plus noble encore par la gravité de ses mœurs, se sentit pressé par un mouvement surnaturel de fixer le jour de l'ouverture solennelle du tombeau de saint Lazare, après avoir pris l'avis de son chapitre et d'un grand nombre de religieux. »

« Dans le conseil secret qui eut lieu pour examiner la question proposée, il y eut un grand conflit d'opinions, et ceux qui défendaient chacune de ces opinions présentaient leurs arguments avec chaleur. Les uns disaient que le temps n'était pas venu de faire apparaître un trésor aussi précieux ; que l'église dédiée et consacrée par la main même du seigneur Innocent, ministre du siège apostolique, n'était pas suffisamment

prête ; que le vestibule projeté pour orner la basilique
et la rendre plus splendide n'était pas achevé ; que
les compartiments du pavé n'étaient pas encore tail-
lés et appareillés selon que le proposait un ingénieux
artiste, et comme il convenait de le faire dans un édifice de cette importance ; que beaucoup de travaux
enfin restaient à faire pour que l'entrée de la maison
du Seigneur fût digne de sa destination. »

. « D'autres au contraire, alléguant des raisons nombreuses, faisaient observer que jamais moment plus
favorable ne se présenterait, pour ouvrir et exposer à
tous les yeux celui des trésors des églises auquel on
attache plus de prix et qui excite de plus ardents dé-
sirs. Ne devait-on pas en effet le montrer à ces hom·
mes généreux qui, renonçant à leurs possessions, suivant le conseil de l'Evangile, ont préféré l'amour de
Dieu à celui de leurs pères, de leurs mères, de leurs
épouses, de leurs enfants, et qui, *crucifiant leur chair*
pour le Christ leur maître dont ils sont devenus les
fidèles disciples, ont reçu la croix et ont compris cette
parole du Seigneur : *Celui qui n'accepte point sa croix*
pour me suivre n'est point digne de moi ! »

« Il est hors de doute que les hommes les plus élevés en dignité de presque toutes les provinces s'em-
pressent de grossir les rangs de l'armée chrétienne,
comme s'ils y avaient été appelés par un honorable
suffrage. Ils sont en effet des élus ceux dont le cœur
est embrasé par les ardeurs de l'Esprit saint ; ils sont
prédestinés de toute éternité à la vie, ceux qui, attirés
par l'odeur des parfums du vase brisé de l'amante de
Jésus-Christ, et peu soucieux de la gloire mondaine.

marchent avec joie à la conquête des trophées que Dieu leur promet. A eux il convient d'ouvrir et de communiquer de suite, avec l'aide du Seigneur, un trésor caché que l'on est résolu de manifester tôt ou tard. Ils porteront parmi les nations diverses qu'ils vont bientôt traverser la nouvelle de notre bonheur, recueilleront les félicitations de ceux auxquels ils en feront part, plus assurés de la victoire lorsqu'ils s'é-lanceront dans les hasards des combats, et pénétrés d'une sainte joie qui remplira leurs ames généreuses.»

(Nous publions ici le sceau dont on se servit pour sceller les lettres dont nous allons parler. Ce précieux monument en bronze, trouvé dans la Saône, est conservé au musée de Lyon.)

« Ce parti finit par triompher et les débats cessèrent,
car il fut comme le port où l'on jeta l'ancre au milieu
de la tempête que la discussion avait soulevée. On l'a
dopta unanimement, et l'on arrêta avec joie le jour
de la *Révélace*. Des lettres d'invitation furent expé-
diées aussitôt. L'archevêque de Lyon, à qui l'église
d'Autun doit annoncer avant tout autre les cérémonies
qu'elle se propose de faire, fut prévenu le premier. On
informa ensuite les évêques, les abbés et les autres
personnages de distinction. Beaucoup d'entre eux se
rendirent à l'appel qui leur était fait. Un grand nombre aussi restèrent chez eux en s'excusant toutefois. »

« Voici un fait que nous devons inscrire ici et que
nous ne pourrions passer sous silence. Deux évêques
de Normandie qui allaient à Rome, ayant connu l'annonce de la solennité qui se préparait, ayant vu l'affluence du peuple qui s'y rendait, interrompirent leur
route. Ils arrivèrent à la cité d'Autun la veille même
de la Révélace. Ils n'avaient pas reçu d'invitation;
mais l'ange du Seigneur qui dirigeait leur marche leur
avait inspiré cette bonne pensée. Il vinrent comme
envoyés d'en haut. Le Créateur du ciel et de la terre,
le Seigneur des seigneurs, qui dispose avec bienveil-
lance et à son gré toutes choses, avait dit à son ange
saint de *parcourir aussitôt les voies et les places publiques,* de convier à cette cène solennelle, d'admet-
tre à la contemplation d'une telle splendeur ces pieux
prélats destinés à remplacer ceux qui n'avaient pas
répondu à l'appel officiel. En apprenant cet heureux
évènement, le seigneur Humbert, évêque d'Autun,
reconnut l'action de la divine Providence et, pénétré

de la plus vive allégresse, il se rendit, accompagné de
tout le clergé et pour ainsi dire de tout le peuple, hors
des murs de la cité, afin de recevoir les deux étrangers qui apparaissaient comme des envoyés célestes
et de les conduire dans son palais où il leur donna la
plus honorable hospitalité. Rassasiés par le pain du
ciel, fiers d'avoir été les témoins de la découverte et
de la manifestation de la perle précieuse, ils purent
continuer leur voyage. Nous lisons quelque chose d'a-
nalogue de Loth, serviteur de Dieu, accueillant avec
honneur deux anges qui par une disposition bienveillante du Très-Haut étaient descendus chez lui, et qui,
le lendemain, reprirent leur route. »

« Nous devons rappeler une autre circonstance qui
tient du prodige. Pendant quatre semaines des nuages
amoncelés avaient, par une pluie forte et continue,
comme inondé la terre, de telle sorte que presque
personne n'osait quitter sa demeure pour aller à ses
affaires, et l'on commençait à craindre qu'une fête
aussi grande que celle de la Révélace ne manquât de
spectateurs. Mais, par l'effet de la divine sollicitude,
deux jours avant la solennité et un jour après, on vit
cesser la tempête et la pluie s'arrêter. Les étrangers
qui désiraient vénérer les reliques du saint martyr,
trouvant les routes aussi sèches qu'elles le sont dans
les jours de l'été et n'ayant point à redouter les inconvénients d'une athmosphère humide, arrivèrent en
foule. Aussi, par la seule faveur divine, ceux qui naguères s'étaient retirés tristes et timides au fond de
leurs réduits, en sortirent joyeux et pleins de sécurité,
et se contentèrent de vêtements légers pour voyager

8

plus facilement. Dès qu'ils furent rentrés, la pluie se
mit à tomber de nouveau, comme par un ordre du
ciel. Rarement on la vit aussi abondante. Il sembla
que *les sources de l'abîme s'étaient frayé un passage*
et que, dans un *violent déluge, les eaux s'étaient mul_
tipliées.* »

« Tout étant préparé, ainsi que nous l'avons dit, on
vit approcher du tombeau du saint martyr les évêques
Humbert d'Autun, Gauthier de Chalon, Ponce de Mâcon, Geoffroi de Nevers, et ceux d'Evreux et d'Avran-
ches, dont nous avons oublié les noms. Ils furent sui-
vis par les abbés Rainard de Cîteaux, Ponce de Vézelay, Gâlon de Corbigny, Pierre de Tournus, et plusieurs
autres parmi lesquels Pierre de Saint-Pierre de Chalon,
Barthélemy de La Ferté, Guillaume de Fontenay,
Pierre de La Bussière, l'abbé de Sept-Fonts (¹) et celui
du lieu nommé Stotheria. Une foule innombrable de
nobles seigneurs et d'hommes de grande réputation
les accompagnait. C'était pendant la nuit qui précéda
la fête; on avait fait sortir de l'église tous les laïques
et les portes avaient été fermées avec soin. Le peuple
veillait en dehors, s'associant, par la ferveur de ses
prières, à la célébration des matines que l'on chantait
avec harmonie dans l'intérieur de la basilique. L'office
que l'on célébrait avec une pieuse joie étant achevé,
le seigneur Humbert, évêque d'Autun, couvert d'un
ornement de pourpre, comme il convenait, entra dans
le sanctuaire avec les chanoines de son église, les évê-

(¹) Il y a dans le manuscrit *de Sancto Loco,* c'était le nom de
l'abbaye de *Sept-Fonts.*

ques, les abbés et quelques religieux. Les autres ne
quittèrent pas le chœur. Le pontife commença aussitôt la messe du Saint-Esprit qui fut chantée avec
tant d'harmonie et de ferveur par les clercs réunis
dans l'église, que tous les assistants croyaient entendre non des voix d'hommes, mais des voix d'anges. »

« Après l'évangile, les évêques, revêtus de leurs ornements pontificaux, afin de se présenter avec l'habit
nuptial à la table de l'ami spécial de Jésus-Christ, restèrent dans le sanctuaire, les abbés et les chanoines
étant retournés au chœur. Deux tailleurs de pierre
dont le secours était indispensable pour détacher et
soulever le couvercle du sépulcre avaient été seuls
introduits. »

« Les oraisons étant achevées, les prélats récitèrent
encore quelques psaumes. Alors ils s'approchèrent du
tombeau avec une frayeur religieuse et en versant
d'abondantes larmes. Au moment où, à la fin d'un
répons, les mots *tollite lapidem* furent prononcés
par eux, comme ils l'avaient été par le Sauveur lui-
même au jour de la résurrection du bienheureux martyr, les deux ouvriers enlevèrent par leur ordre la
tombe qu'ils avaient trouvée artistement scellée. »

« Les pieux pontifes, en se baissant, reconnurent le
corps de saint Lazare avec la tête et les autres membres. Puis par la même affection de l'âme, par le
même instinct de dévotion, rendant grâces à Dieu
notre bienfaiteur pour une découverte si glorieuse,
ils entonnèrent le *Te Deum*. Le vif sentiment d'allégresse qui les dominait ne leur permit pas d'achever
cette hymne ; mais l'assistance en continua le chant.

« Le doute exprimé par quelques-uns sur l'existence de la tête du saint, excita les félicitations les plus vives lorsqu'on aperçut cette précieuse relique. »

« Au même instant une agréable odeur s'échappa du sépulcre ouvert. Elle surpassait tout ce que pourraient offrir de plus suave des aromates composés de nard, de roses, de lis, et des autres plantes et des autres fleurs les plus odoriférantes. C'est le témoignage qu'en rendirent ceux qui ayant pu s'avancer plus près, baisèrent avec respect un des bras du saint. »

« Le vénérable Humbert, par la grâce de Dieu évêque de la noble cité d'Autun, environné des spectateurs de sa joie si spéciale, enveloppa tous les ossements ainsi que le suaire et une peau de cerf intacte, dans une pièce d'étoffe de soie très riche, et lia le tout avec des courroies sur un brancard de bois. »

« On acheva ensuite le saint sacrifice. Cependant le jour tant désiré commençait à luire. Bientôt les portes de la Cathédrale furent ouvertes ou plutôt brisées. L'empressement du peuple qui s'y précipita fut telle que les barrières de fer placées à l'entrée du chœur eussent été renversées sans les efforts que firent les clercs pour les soutenir. »

« Témoins de ce désordre, Eudes, duc de Bourgogne, Guillaume, comte de Chalon, et les autres très vaillants barons déposèrent leurs clamydes, et s'armant de leurs bâtons, voire même de leurs épées, ouvrirent un passage au clergé qui transportait en pompe les saintes reliques. Ce ne fut pas sans de grandes difficultés que le cortège parvint à l'église de Saint-Lazare. La foule était si pressée à l'in-

térieur de ce temple, qu'il fut impossible d'arriver
en procession jusqu'à l'autel. Ceux qui portaient le
dépôt sacré, haletants de fatigue et d'inquiétude, le
placèrent sur deux ais élevés, que nous voyons encore
dans la nef. Pendant l'octave entière la foule religieuse
se pressa en ce lieu pour vénérer les saintes reliques ;
ce qui glorifia Dieu et fut grandement utile aux malades. Le nombre des cures merveilleuses par lesquelles le Sauveur tout-puissant fit resplendir les hommages rendus à son ami le bienheureux Lazare, au jour
de la translation de ses ossements sacrés, ne saurait
être exprimé par aucun mortel. La vue fut rendue aux
aveugles, l'ouïe aux sourds, les infirmes recouvrèrent
le libre usage de leurs membres, les possédés re-
trouvèrent le calme et la lucidité des pensées ; des
malades en danger revinrent à la santé. Nous qui écri-
vons nous avons vu ces choses. La guérison des diverses infirmités était si fréquente, et l'on voyait succéder si vite un homme en santé à un malade, que les
clercs et les moines, occupés à rendre grâce à Dieu
pour un prodige obtenu, n'avaient pas le temps d'a-
chever le *Te Deum* avant qu'un autre malade ne s'é-
criât que, par la miséricorde du Seigneur et l'invocation de son serviteur Lazare, il était délivré de son
mal. Les spectateurs d'une si prodigieuse quantité de
miracles furent tellement stupéfaits que, ne pouvant
plus suffire à louer le Seigneur par des paroles, ils
satisfirent l'élan de leur piété en modulant des neu-
mes. Qui pourra dire ce que furent les expressions de
la gratitude ? Qui pourra décrire l'abondance des larmes versées dans l'émotion de la reconnaissance ? »

« Pendant que le peuple étonné admirait toutes ces choses et que le bienheureux Lazare, venant de prendre possession de sa propre demeure, conviait ses amis au festin qui leur avait été préparé, le diable qui persécute la vérité, qui aime le mensonge et la malice, voyant la gloire dont jouissait l'Eglise, l'édification publique qui dilatait son règne, et l'augmentation de l'honneur dû au nom du Christ son époux, *nom qui est au-dessus de tous les noms,* il en éprouva du dépit. Entrant en fureur, il se mit à *chercher une proie qu'il pût dévorer.* Il voulut, ce que Dieu empêche, déraciner le culte de l'ami du Seigneur, et vérifia cette parole du Saint-Esprit : *l'ennemi a exercé sa méchanceté contre le saint.* On vit en effet cet inique que Satan profiter d'une occasion légère en elle-même pour exciter entre les barons réunis une discussion telle que plusieurs désespérèrent de se retirer la vie sauve. Levant en effet leurs bâtons, puis bientôt courant aux armes, ils laissèrent beaucoup d'hommes à demi-morts dans les rues et sur les places. Mais Dieu qui ne se lasse point de prendre pitié de nous, qui a peine à retenir l'essor de sa miséricorde, profita de la circonstance pour faire éclater davantage encore sa puissance. Son action fut si visible, que, malgré le grand nombre de blessés, personne ne mourut et n'éprouva même de longue maladie. »

« Le lundi après l'octave, pendant la nuit, le seigneur Humbert, évêque, accompagné de ses chanoines, entra dans l'église où le bienheureux martyr non enseveli reposait sur les deux ais. Le chœur se mit à psalmodier avec larmes, et des prêtres portant, comme

il convenait, de riches ornements, entourèrent le prélat. Celui-ci, couvert de ses vêtements pontificaux,
plaça l'un après l'autre dans un sarcophage neuf les
ossements du bienheureux Lazare, ne réservant qu'un
bras et la tête pour l'Eglise-mère qui était désolée de
la perte du corps entier. Elle recueillit avidement le
précieux dépôt qu'elle conservera jusqu'à la fin des
siècles. Le seigneur Humbert trouva encore parmi les
ossements les gants du saint martyr, signes de l'é-
piscopat, et la bourse, indice de l'apostolat et de la
prédication. Toutes ces choses furent renfermées avec
le saint corps, au milieu des témoignages d'une vénération qui s'exprima même par les larmes. »

« Pour nous, auguste martyr, bienheureux Lazare,
l'honneur des évêques, qui reposez, par la grâce de
Dieu et pour le salut de nos ames, dans l'église d'Au·
tun, nous vous supplions doucement de reconnaître
les hommages que nous vous rendons, en nous proté-
geant contre tous les assauts de l'ennemi, d'écarter de
nos esprits les mauvaises inspirations qui ne laissent
que la honte, d'ouvrir la source des vertus, de donner la main à ceux qui vous servent, de leur octroyer
l'indulgence, de les délivrer du mal, de secourir les
opprimés, de guérir les infirmes, de nous présenter,
le dernier jour au véritable Juge dans le palais duquel vous habitez plein de gloire, afin que nous atten-
dions avec confiance une sentence de miséricorde,
nous qui n'avons pas cessé de nous déclarer vos fidèles
serviteurs. Que le Dieu de tout bon conseil, notre vraie
consolation dans l'adversité, qui nous a rempli de joie
par la vertu de son Esprit saint, nous fasse abonder

dans l'espérance de la vocation céleste. Que le denier,
accordé par le divin Père de famille à son ami Lazare,
en récompense de ses travaux, nous soit donné par
une bienveillante miséricorde, quand nous occupe-
rons les demeures moins brillantes, il est vrai, qui
nous sont réservées. Les choses que nous venons de
rappeler telles que nous les avons vues ou ouï raconter ont eu lieu en l'année onze cent quarante-sept
depuis l'Incarnation du Seigneur, au mois d'octobre,
le dimanche après la fête de l'évangéliste saint Luc,
sous le pontificat d'Eugène III qui siège sur la chaire
de Pierre, du temps de l'archevêque de Lyon Amédée
et de l'évêque d'Autun Humbert, sous le règne de
Louis, roi des Francs, Eude étant duc de Bourgogne,
à la gloire de Dieu qui vit et règne dans tous les siècles des siècles. »

Fête patronale de la ville d'Autun.

Dès l'année suivante, la fête principale de Saint-
Lazare qui se célébrait au premier septembre prit
une très grande importance. Les populations se pres-
sèrent dans le temple pour vénérer l'ami du Sauveur
dont la translation avait été accompagnée de tant d'é-
vènements mémorables. Le mois d'août avait toujours
été marqué à Autun par des fêtes. Ce mois était en
effet dédié, sous les Romains, au génie de l'empereur
Auguste, fondateur de la cité qui remplaça Bibracte.

Plus tard le christianisme y plaça la solennité de saint Symphorien, premier martyr des Eduens. Les deux fêtes patronales de la ville, la Saint-Nazaire et la Saint-Lazare, furent fixées, la première à la fin de juillet, la seconde au premier jour de septembre. Un passage de Grégoire de Tours (¹), rapproché d'un texte de Frédégaire (²) et des usages antiques de la fête de Saint-Symphorien, prouve que la fin du mois d'août et le commencement du mois suivant étaient depuis longtemps, à Autun, l'époque de grandes assemblées. Au moment où les raisons politiques qui les avaient motivées cessèrent, la religion vint rendre ces assemblées encore plus populaires qu'elles ne l'avaient été. Les ducs cédèrent même à l'église une partie de la justice que les comtes d'Autun avaient exercée, pendant tant de siècles, aux plaids de septembre. La veille de la solennité, ce jour-là et le lendemain, le chapitre jouissait de la justice dans toute la cité ; les ducs ne s'étaient réservé que le péage de la foire qui dès-lors avait lieu.

Vers 1170, époque probable de la rédaction du long récit que nous avons traduit, la fête anniversaire de la Révélace devint plus solennelle et fut marquée aussi par de grands privilèges. Le duc Hugues III accorda au chapitre la justice, pendant trois jours, à cette fête, en même temps qu'il étendait à l'octave entière de la fête de septembre le droit que ses prédécesseurs avaient concédé. La charte qu'il donna dans cette occasion est

---

(¹) *Hist. Franc.,* lib. viii, c. 30.
(²) C. 90.

9

une pièce historique qu'il convient de faire connaître
en la traduisant. Elle confirmera l'opinion émise par
nous, que l'église Saint-Lazare, construite sur l'emplacement de l'établissement de charité fondé par
saint Léger, fut comme une grande expiation des
dommages causés à la manse capitulaire par les comtes d'Autun.

« Qu'il soit manifeste à tous présents et à venir que
moi, Hugues, duc de Bourgogne, *au moment d'entreprendre le voyage de Jérusalem,* ai voulu réparer
ainsi qu'il suit les injustices et les dommages que j'ai
causés par moi ou par les miens aux biens et aux terres de l'église Saint-Nazaire et dont je m'avoue cou-
pable. J'ai exercé, en vertu d'une coutume, le droit de
gîte sur les terres de Beligny, Cissey et Marchéseuil,
et j'ai converti ce droit en une composition d'argent,
n'ayant pour cela aucun juste motif, pas même l'exemple de mes prédécesseurs. Je fais donc la remise de ce
rachat du droit de gîte, et je défends que jamais dans
la suite on ne cherche à le rétablir, de telle sorte qu'il
ne soit permis, ni à moi, ni à aucun de mes successeurs, à aucun de mes vassaux, à aucun de mes clients,
de rien exiger, de rien recevoir des hommes de l'é-
glise pour droit de gîte. De plus, afin de pourvoir au
bien de mon ame et de celles de mes prédécesseurs,
je donne et cède à perpétuité à l'église de Saint-
Nazaire et aux chanoines qui y servent Dieu, *trois
jours francs de toute ma justice, à la fête de la Révélace,* c'est-à-dire la veille, le jour et le lendemain de
la solennité, comme mes prédécesseurs ont accordé
auxdits chanoines *le jour de la fête du saint martyr*

et deux autres dans son octave au mois de septembre, ne me réservant que le droit de péage et la justice de ce droit. Je déclare encore que j'accorde à ladite église *tous les jours, depuis ladite fête de Saint-Lazare, en septembre, jusqu'à la veille de son octave,* qui seront francs et exempts de toute ma justice et de celle de mes officiers, de manière que ceux qui viendront à la fête et à la foire, qui y demeureront et qui en repartiront, soient sous mon sauf-conduit. Tous les jours précités, soit à la fête de la Révélace, soit à la fête de septembre, seront tout-à-fait en dehors de ma justice, sauf le droit de péage et la justice de ce droit. J'ai fait la présente donation devant l'autel de Saint-Nazaire, étant à genoux, et j'ai investi l'église de son droit en portant la main sur le missel. Ensuite, recevant ma bourse des mains de Guichard, archevêque de Lyon et légat du Saint-Siège, en présence d'Etienne, évêque d'Autun, j'ai donné et accordé, pour le luminaire du même autel de Saint-Nazaire, vingt sols de rente perpétuelle à prendre sur le vin que les hommes de la terre de Bierre (¹) et ceux de la terre des chanoines située au-delà des monts (²) me doivent pour le cens, à prendre aussi sur les moulins de la rivière d'Arroux que j'exempte et que je déclare exempts de toute revendication et de tout tribut. Pour que ces choses soient authentiques et immuables par un titre certain, je les ai confirmées avec l'impression de mon sceau, et, pour que la sanction fût encore plus ample,

---

(¹) A Savigny-sous-Beaune, dont le vin est renommé.
(²) La terre d'Auxy.

j'ai eu soin qu'on y apposât également le sceau d'E-
tienne, évêque d'Autun, qui a soumis à l'anathème et
condamné au feu infernal de Satan ceux qui oseraient
violer cette donation et cette concession. Cet acte a
été fait dans l'année 1171 de l'Incarnation de Notre-
Seigneur, Alexandre III siégeant à Rome, sous le règne du roi Louis, la première année de l'épiscopat
d'Etienne d'Autun. Les témoins sont : Seguin, doyen
d'Autun, Renaud, prévôt, Gérard de Quétigny, Hugues
d'Arnay, Rénier de Riveau, Eude, sénéchal de Champagne, Gérard de Reux, Pierre de Goc, Guillaume de
Riveau, Guillaume, viguier ou vierg d'Autun, Renaud,
receveur des droits d'entrée. Toutes ces choses ont été
approuvées par Aalis, mon épouse, en présence de
Seguin, doyen, de Renaud, prévôt, de Rénier de Riveau, de Guiard de Faverney, de Guillaume d'Orgeux,
de Barthélemy le camérier. Elles ont été également
reconnues par Eude, mon fils, en présence de Seguin,
doyen, de Renaud, prévôt, de Hugues d'Arnay, de
Rénier de Riveau, d'Etienne de Riveau, d'Etienne de
Faverney, chanoine de Langres, de Jean de La Roche,
de Gérard d'Escot, de Pierre de Bevrai ; témoin aussi
Nicolas, mon chapelain, qui a écrit cette charte.

L'évêque Etienne, dont il est question dans cette
pièce, montra le plus grand zèle pour honorer le corps
de saint Lazare. Ce fut sous son épiscopat que le
moine Martin, habile imagier, construisit et décora le
beau mausolée dont nous allons parler.

L'évêque Humbert avait fait déposer et renfermer
les précieuses reliques, sauf la tête et un bras, dans
un cercueil de plomb fort épais, sur lequel on avait

gravé une inscription dont voici la traduction : « Ici
» repose le corps du bienheureux Lazare, mort pen-
» dant quatre jours, révélé par les évêques Humbert
» d'Autun, Geoffroi de Nevers, Gauthier de Chalon,
» Ponce de Mâcon, Rotrode d'Evreux, et Richard d'A-
» vranche, le 20 octobre 1147. Sous le règne du roi
» Louis. » Ce cercueil, placé dans l'apside de l'église,
derrière le grand autel, fut couvert d'une voûte, et la
pierre de porphyre qui fermait le caveau à sa partie
supérieure fut scellée avec des barres de fer fortement
incrustées dans le massif. Le mausolée élevé au-dessus
était tout en marbre de diverses couleurs, mais principalement en marbre blanc, et avait vingt pieds de
haut. Il représentait une église et sa forme affectait
celle de l'église Saint-Lazare elle-même. On y remarquait des pilastres portant des chapiteaux sculptés
avec le plus grand soin, sur lesquels reposait un riche
entablement. Sur la frise on lisait plusieurs vers, dont
les lettres gravées en creux se détachaient, au moyen
d'un ciment de couleur noire, du marbre blanc dans
lequel elles étaient incises. Parmi ces vers on remarquait les deux suivants :

Martinus monachus lapideum mirabili arte,
Hoc opus exsculpsit Stephano sub præsule magno.

En voici le sens :
« Le moine Martin a sculpté avec un art admirable
» cet ouvrage de pierre, sous l'épiscopat de l'illustre
» évêque Etienne. » Le mausolée était recouvert d'un
toit figuré, composé de pièces de rapport, alternées
de marbre noir et de marbre blanc, et taillées en lo-

sange avec une arrête au milieu. On pénétrait dans l'intérieur du monument par deux portes qui conduisaient à une petite salle de quatre à cinq pieds de long dont la voûte était formée d'une seule pierre artistement travaillée et soutenue par quatre cariatides. On remarquait dans cette salle un groupe de statues dont voici la description fournie par un ancien procès-verbal : saint Lazare est enveloppé de son linceul et on lit des deux côtés l'inscription *Lazare, veni foras*, Jésus-Christ, qui prononça ces paroles en ressuscitant son ami, est représenté debout et le bras droit étendu comme pour commander à Lazare de sortir de son tombeau. Il tient de sa main gauche un livre sur lequel sont gravées les lettres *alpha* et *omega*. On lit sur sa cuisse les paroles *Rex Regum* indiquées par le livre de l'Apocalypse. A sa droite est la statue de saint Pierre portant les clefs du ciel, à sa gauche est saint André. On lit sur son vêtement les mots *sanctus Andreas*. Du côté de la tête de saint Lazare sont les figures de sainte Marie-Madeleine qui étend les mains en signe de prière, de sainte Marthe qui porte à son nez un mouchoir, afin de rappeler les paroles *jam fetet* qu'elle prononça d'après le récit évangélique, les mots *sancta Maria-Magdalena, sancta Martha* se voient sur celle des statues qu'ils servent à désigner ([1]). Les pieux pèlerins qui visitaient l'église de Saint-Lazare ne manquaient pas de traverser avec dévotion cette

([1]) Les statues de saint André, de sainte Madeleine et de sainte Marthe existent encore. M. Faillon a publié le dessein des deux dernières.

petite salle, dans un passage nécessairement fort
étroit. Pour y entrer ils étaient obligés de se courber
et de descendre à genoux trois marches, puis ils re-
montaient également trois marches pour en sortir
de l'autre côté. C'était à la fête de Saint-Lazare, en
septembre, et à celle de la Révélace, qu'avait lieu le
plus grand concours; mais à d'autres époques de l'année la foule affluait souvent. A la fin du douzième siècle, le culte de saint Lazare prit une extension
inouïe. On invoquait le saint pour obtenir la guérison
de la lèpre, maladie alors très répandue. Un ordre
d'hospitaliers dévoué au soulagement des pèlerins
s'était placé sous son patronage, et une multitude
d'établissements charitables destinés à recevoir les
lépreux furent appelés de son nom. La guérison mi-
raculeuse d'un archidiacre de Reims, nommé Ursus,
obtenue par les prières qu'il fit au tombeau de saint
Lazare à Autun, était devenue célèbre. Les pèlerins
affluèrent, et comme les lépreux qui ne pouvaient
sans danger pénétrer dans le temple étaient obligés
de se tenir à la porte de l'église, on résolut de leur
ménager un lieu où ils pussent séjourner à couvert
pendant les neuvaines que leur piété les engageait à
faire. Cette raison et quelques anciens usages relatifs aux pénitents font assez comprendre l'utilité que
pouvait avoir un porche construit en avant de la
porte principale du temple.

Dans le principe on parvenait de ce côté à la basilique par une suite de degrés non couverts, et la façade de l'église se composait d'un avant-corps dans
lequel était pratiqué le grand portail et de deux

arrière-corps dans chacun desquels on voyait une
porte conduisant à la basse-nef correspondante. Sous
l'épiscopat d'Etienne II, on se mit à élever en
avant de cette façade deux tours carrées, percées d'arcades en ogive dans leur partie inférieure, et reliées
à la même façade par deux arcades ogivales retombant
sur un pilier intermédiaire et formant ainsi deux travées. Une voûte en plein-cintre, combinée sans aucun
doute pour se raccorder avec la forme cintrée du
grand portail, fut jetée entre les deux tours et les parties adjacentes. On remarque dans certains détails de
l'ornementation des piliers et de la partie supérieure
des tours, un style qui diffère de celui des constructions primitives et homogènes de l'église. La compa-
raison de ces détails avec quelques-uns de ceux de
l'église de Notre-Dame, à Beaune, construite après
celle de Saint-Lazare d'Autun, montre que cette différence de style tient à la date de la construction du
porche de Saint-Lazare, évidemment postérieure à
celle de la basilique. Ce n'est point la main du même
architecte qui a tracé le plan de la partie principale
et de la partie accessoire de l'édifice. Ce fait archéo-
logique, démontré par l'observation, donne un intérêt spécial à une charte très intéressante par elle-
même, et dont nos archives possèdent encore l'origi-
nal. En voici la traduction :

« Moi Etienne, par la grâce divine évêque d'Autun.
C'est un des devoirs de la sollicitude pastorale de
veiller à la tranquillité des églises, et de les délivrer
autant que possible de l'oppression et des injustices.
Aussi la sainte église d'Autun, que nous administrons

par l'ordre de Dieu, éprouvant de la part de très noble seigneur Hugues, duc de Bourgogne, des vexations
telles que l'office divin a cessé d'y être célébré, nous
avons mis tout en œuvre pour le rétablissement de la
paix et pour la réparation des dommages causés à ladite église. Nous avons enfin obtenu par nos efforts,
avec l'aide de la grâce de Dieu, que ce même duc ait
donné et concédé, à titre de satisfaction et d'aumône
à ladite église, certaines coutumes qu'il avait, sur le
vin et sur le blé, dans la terre des chanoines qui est
située au-delà des monts, et spécialement la coutume
appelée *haïa*, de telle sorte qu'il a donné, sans ex-
ception aucune, audits chanoines et à l'église, tous les
droits qu'il prétendait avoir sur cette terre. Il a en
outre accordé que les hommes de ce domaine auraient
néanmoins leur liberté et leurs usages dans la cité
d'Autun, à son marché et dans les forêts du duc, dans
les bois défrichés, dans les terres cultivées, sur les
eaux et sur toutes choses, comme ils l'avaient auparavant, de manière qu'ils puissent en user librement et
avec une complète immunité. Et si le vierg ou le forestier du duc ou d'autres de ses officiers avaient sur
cette terre *quelque droit féodal*, à l'occasion de la vi-
érie ou de la grurie, le duc en a fait également remise
à ladite église, et il a ordonné à Guillaume, son vierg,
et à Gauthier, son forestier, qui étaient alors en fonctions, d'y renoncer entre les mains du doyen. Enfin
le duc a permis aux chanoines de faire construire depuis l'entrée du cloître, près le cellier de St-Nazaire
jusqu'à la maison de Saint-Quentin, un mur de cinq
pieds de large et d'une hauteur, à partir de la voie

10

publique, égale à celle du mur qui existait devant la maison de Guy de Verrières, et de ménager dans cette muraille une porte assez haute pour qu'un char de vin ou de foin puisse y passer librement et facilement avec sa charge. Les chanoines pourront encore ajouter à l'église du bienheureux Lazare toute construction selon leur gré, pourvu qu'elle n'ait point là forme d'une tour ou d'un rempart, ayant évidemment pour destination non le service ordinaire d'une église, mais le service militaire. Il leur sera permis de plus d'élever au niveau du sol de l'église la place qui est en avant des portes, et où ont été jusque-là des degrés, et de mettre sur le bord du pavé une barrière de bois pour la sûreté des passants. Le duc fit en même temps la promesse de renoncer à toute coutume créée par lui sur la terre des chanoines, dès qu'il en serait averti, et s'il lui arrivait de recevoir de ladite terre plus qu'il ne devrait, de reconnaître immédiatement cette injustice et de se conduire constamment selon les règles de l'équité. A cet accord conclu entre le duc et les chanoines intervinrent : Hugues, doyen de l'église d'Autun, Régnaud, prévôt, Girard, archidiacre-cardinal, Gui, archidiacre d'Avallon, Ancelin, archidiacre de Beaune, Hugues, archidiacre de Flavigny, Seguin, abbé de St-Etienne, Guarin, prévôt de Beligny, Robert, archiprêtre, Humbert de Busseul, Henri de Chanevières, Nicolas et Jean de Dennevy, Henri de Collonges, Gauthier d'Allerey, Seguin le gros, Bernard de Thorcy, Hérard d'Etang, Guillaume de Fontenel, Hugues de Perreuil, Guillaume de Saint-Léger, Odoin d'Igornay, Barthélemy de Riveau, Guillaume, le vierg,

Gauthier, le forestier, Renaud de Riveau, Henri Porchet, Jean, le cuisinier, Robert Chardons, Audo de St-Pancrace, Renaud, le boulanger, Guillaume Fohet, Robert Fohet. Or, les choses dessus dites ont été approuvées et confirmées par Eudes, fils du duc précité, ce qu'ont entendu : Hugues, doyen d'Autun, Renaud, prévôt, Girard, archidiacre-cardinal, Henri de Chanevières, Bernard de Thorcy, Guillaume de Fontenet, Guillaume d'Orgeux, Pierre de Verasco. Alexandre, autre fils du duc, a donné aussi son approbation et confirmation en présence de Robert, archiprêtre, de Seguin le gros, de Guillaume de Fontenet, de Hugues de Château-Chinon, de Audo de St-Pancrace, de Renaud, boulanger, de Robert, orfèvre, de Girard, orfèvre, d'Audo, fils de Hugues Boutteloup ; et, pour que les choses soient valides et inattaquables dans les temps à venir, la présente charte a été munie du sceau du duc et du nôtre. Fait l'an de l'Incarnation du Seigneur mil cent soixante-dix-huit. »

Pour bien comprendre l'origine et la cause de toutes ces luttes si fréquentes que nous voyons se succéder entre le chapitre d'Autun et les dépositaires de la puissance civile, pendant toute la durée du moyen-âge, il faudrait connaître à quelles conditions les enfants de Clovis, lorsqu'ils établirent à Chalon le siège de leur résidence, abandonnèrent aux évêques d'Autun le prétoire et le castrum de la cité d'Augustodunum. C'était vers l'an 532, époque de la fondation de la cathédrale dédiée à saint Nazaire. Il est impossible de reconnaître aujourd'hui quels liens rattachaient à la possession de ce château certains domaines et certains droits, par suite de l'organisation de l'administration romaine conservée par les Burgondes. Mais voici des faits certains.

L'église d'Autun possédait dans la cité deux lieux de franchise spéciale, c'étaient le cloître des chanoines, dans le *castrum* antique, et l'enceinte de l'abbaye de Saint-Andoche, que l'on appelait le *châtelet* Saint-Andoche. On sait que cette abbaye, fondée par la reine Brunehaud et par saint Syagre, évêque d'Autun, était primitivement un hospice. Un autre établissement de charité nommé, dans la vie et dans le testament de saint Léger, *matricula,* avait été construit, comme nous l'avons dit plus haut, par le généreux évêque, sur l'un des côtés de l'atrium de la basilique de Saint-Nazaire, en face de la porte de ce temple, c'est-à-dire au lieu où est aujourd'hui l'église Saint-Lazare; c'est pour cela que l'on appelle encore ce lieu le *Refitou,* du mot latin *refectorium,* et qu'on l'appelait jadis le *Champ de Saint-Mens* ou de *Saint-Mansu.*

L'hospice du châtelet et la matricule du castrum avaient reçu, pour leur entretien, des terres considérables, entre autres, des domaines fiscaux, situés entre l'Allier et la Loire, près de la réunion de ces deux fleuves; d'autres domaines voisins de l'embouchure de l'Arroux, de l'Arconse et de la Somme dans la Loire; de la Dheune; dans la Saône, et surtout la terre de Tillenay placée sur les limites du pays éduen, entre l'embouchure de l'Ouche et Auxonne. La terre de Tillenay, donnée par saint Léger, ainsi que celle de Marigny-sur-Yonne, située à la limite nord du pays éduen, se rattachait plus spécialement que toute autre à la matricule fondée par saint Léger. Elle fut aussi l'objet de contestations plus longues et plus vives. En même temps que furent fondés ces deux grands établissements de charité, nous voyons apparaître une monnaie frappée à Autun, et un trésor tellement important, que les choniqueurs du huitième siècle signalent le pillage de ce trésor par les Sarrasins comme l'un des faits les plus saillants de l'invasion des Arabes dans le pays des Francs.

Il y a bien de l'apparence que les terres dont les revenus avaient été appliqués par la reine Brunehaud et par les évêques à l'exercice de la charité chrétienne n'avaient pas été exemptes, dès leur origine, du service militaire, et que les barons qui en étaient les voisins ou les gardiens à titre d'avouerie, mirent tout en œuvre pour se les approprier, sous prétexte de leur origine féodale, surtout lorsque Charles-Martel voulut, en créant les bénéfices, organiser fortement le service militaire et récompenser ses soldats. Aussi pendant le neuvième et le dixième siècles et même les siècles suivants, les chartes présentent une série de restitutions de domaines et de droits faits à l'église d'Autun par les comtes et les ducs.

Dès l'année 843, dans une charte où il est dit que tous les titres de la basilique de Saint-Nazaire avaient péri dans l'incendie d'Autun par les Sarrasins, Charles-le-Chauve déclare les terres de l'église d'Autun libres de différents droits féodaux contre les injustes prétentions des envahisseurs. L'évêque Jonas, qui établit le cloître des chanoines, est de tous les évêques celui qui mit le plus de zèle à faire rentrer dans le trésor

de la charité les biens envahis. Il obtint beaucoup de
Charles-le-Chauve, spécialement la restitution de la
terre de Tillenay. Toutefois il fallut qu'Adalgaire, son
successeur, envoyé en Italie pour rapporter des mains
du pape Jean VIII la couronne impériale destinée à
Charles, fît ratifier la restitution de Tillenay par le
Souverain-Pontife et par les pères du concile de Ra-
venne que celui-ci présida en 877. Valon, successeur
d'Adalgaire, aidé par l'entremise bienveillante du
comte d'Autun, duc de Bourgogne, Richard-le-Justicier, obtint enfin la restitution plus explicite du château, des droits d'immunité plus étendus, plus certains,
et le droit de battre monnaie, dont son église avait
été depuis longtemps privée par d'injustes détenteurs.
Il fit sanctionner encore la restitution de la terre de
Tillenay, rappelant le but pour lequel saint Léger en
avait fait don jadis.

En 1113, l'évêque Etienne de Baugé, sous l'épiscopat duquel l'église de Saint-Lazare fut commencée et
même consacrée par le pape Innocent II, obtint du duc
Hugues II la restitution du domaine de Chenôves, voisin
de Tillenay, et donné également par saint Léger pour
l'entretien de la matricule. Nous avons vu que ce
Pape sanctionna la restitution de la terre sur laquelle
on venait de construire ladite église.

Il convenait en effet qu'une terre affectée par saint
Léger à l'exercice des œuvres de la charité et au
culte d'un saint invoqué par les infirmes, fût consacrée à l'édification d'un temple dans lequel on vénè-
rerait les restes précieux de l'hôte de Jésus-Christ,
auquel les peuples recouraient avec foi pour obtenir

la guérison d'une horrible maladie. Cette consécration donnait une solennité plus grande à l'œuvre réparatrice du duc de Bourgogne. Deux chartes nous ont appris que pour réparer ses propres injustices le duc Hugues IV augmenta les privilèges du cloître et du chapitre aux deux fêtes de Saint-Lazare. Toutefois ce prince, en interdisant aux chanoines la faculté d'élever au-devant de la nouvelle église des tours en forme de rempart, au moment même où il faisait construire à l'angle méridional de la muraille antique de la cité, c'est-à-dire à côté et un peu au-dessus de l'église, un château fort avec la belle tour octogone que nous admirons encore (¹), montrait assez qu'il avait fait d'importantes réserves et qu'il était décidé à les défendre. Il avait en effet retenu le péage des foires dites de la Saint-Ladre et de la Révélace et la justice de ces foires, méconnaissant le droit de l'église sur la monnaie. Dès l'année 1194, c'est-à-dire deux ans après sa mort glorieuse en Palestine, son fils Eudes s'empressa de réparer cette injustice. Voici la charte qui le prouve :

« Moi Eudes, duc de Bourgogne, je fais connaître à tous présents et à venir, qu'à l'exemple de mes prédécesseurs, j'ai contribué aux obstacles apportés depuis si longtemps aux cours de la monnaie de l'église, appelée *Nummi Hyilenses*. Mais Robert, doyen de cette église, et le chapitre m'ayant supplié de réparer cette injustice en vue de Dieu et par égard

(¹) La tour dite *de Riveau*, attribuée on ne sait pourquoi par quelques auteurs à François Iᵉʳ. Le caractère de cette construction appartient évidemment au douzième siècle.

pour l'église d'Autun, ma mère, après avoir ordonné
une sérieuse enquête et pris l'avis de mon conseil, j'ai
reconnu que la monnaie susdite appartient à l'église
d'Autun de plein droit. Voulant en conséquence pourvoir au salut de mon âme et à celui de mon père et
de tous ceux qui ont pris part à cette injustice ou qui
l'ont commencée, j'ai accordé et permis de bonne foi
à l'église d'Autun de fabriquer ladite monnaie et de la
mettre en cours dans toute la ville et sur le marché.
Elle sera indiquée et publiée dans les foires par mon
crieur public afin que personne ne la refuse. Celui
qui ne voudrait pas l'accepter sera condamné à l'a-
mende de 65 sols que le vulgaire appelle *la loi,* et
cette amende sera sans rémission. Mes officiers la feront payer dans l'espace de sept jours, et moitié de
cette somme sera donnée à l'église d'Autun, comme
je l'ai réglé pour le salut de mon ame. J'ai arrêté en
outre et j'ai ordonné sans contest, que tout vierg
d'Autun jurera de maintenir cette convention de bonne
foi, et de remettre la moitié de ladite somme à l'église
ou à son ordre. Je prends sous ma sauvegarde les
monnoyeurs et tous ceux qui viendront à Autun pour
le fait de cette monnaie, afin qu'ils puissent voyager
en toute sûreté, selon que cela dépendra de moi. Et
s'il arrivait, ce que je réprouve, que je voulusse mé-
connaître l'engagement exprimé dans la présente
charte, j'ai ordonné et j'ai permis que mon domaine
tout entier soit frappé d'interdit jusqu'à ce que l'é-
glise d'Autun ait reçu une juste satisfaction. Afin de
rendre ces dispositions fermes et à jamais durables,
'ai apposé mon sceau à la présente charte. Les té-

moins de cet acte sont : Maître Hugues, médecin du
duc, Nicolas, son notaire, Barthélemy de Riveau, Hue
d'Autun, maréchal du duc et chevalier, Regnaud, vierg
d'Autun, Thibaud, forestier, Gérard de Riveau, Gauthier, forestier. Fait à Autun, l'an 1194 de l'Incarnation du Verbe. Moi Eudes, duc de Bourgogne, je fais
savoir que j'ai promis, entre les mains de Hugues,
grand-chantre, de présenter de bonne foi une requête
à mon seigneur le roi des Francs, en faveur de l'église
d'Autun, afin qu'il confirme ce que je viens de décider
sur le cours de la monnaie de ladite église, comme il
est contenu dans la charte scellée de mon sceau. »

Dans l'année qui suivit celle ou cette charte fut ac-
cordée, le cardinal Melchior, légat du St-Siège, vint
à Autun, visita l'église Saint-Lazare et reconnut que le
corps du saint ami de Jésus-Christ reposait dans cette
église construite en son honneur. Il régla ensuite la manière dont ce chapitre desservirait ce nouveau temple.
Au point de vue canonique cet acte est de la plus haute
importance. Il a été publié à la page 622 de l'Histoire
de l'Eglise d'Autun par Gagnare. Le cardinal statua
que depuis la veille de Pâques jusqu'à la veille de la
Toussaint, aux premières vêpres, le chapitre ferait
l'office à Saint-Lazare, et que depuis la veille de la
Toussaint jusqu'à Pâques l'office se célèbrerait pour le
chapitre à Saint-Nazaire. Il ajouta que quatre prêtres
bénéficiers feraient le service divin dans celle des
deux églises ou l'office capitulaire n'aurait pas lieu.
Telle fut l'origine de l'un des usages les plus particu-
liers du chapitre d'Autun qui ne cessa qu'en 1770,
époque de la démolition de la cathédrale primitive.

11

L'époque à laquelle nous a conduit notre récit est celle que signale l'apparition de plusieurs établissements de charité dans la ville d'Autun. C'était d'abord *l'Hôtel-Dieu du château*, placé au lieu occupé aujourd'hui par la maison de M. de Laplanche. C'était ensuite la *Maison-Dieu* de Marchaut, dont la chapelle, de style roman de transition existe encore. Nous voyons en même temps quatre maladreries ou léproseries nommées aussi *Ladreries*, et qui, par ce dernier nom, se rattachent au culte de saint Lazare. Ces établissements étaient la léproserie de Fleury, celle de la Genetoye, celle de Hautevaux et celle de Saint-Laurent appelée communément la Maladière. On peut affirmer sans crainte d'erreur que ces divers établissements n'étaient pas absolument nouveaux, mais plutôt des œuvres anciennes recevant une forme demandée par les circonstances. Ce n'est pas seulement autour de l'ancien hospice de Saint-Andoche et de l'ancienne matricule de Saint-Léger que s'élevaient des maisons de charité destinées à remplir en partie les vœux des fondateurs de ces établissements. Celles des terres de l'église qui paraissent le plus avoir été soumises dans l'origine à des droits féodaux possédèrent des maisons occupées, soit par les Templiers, soit par les autres ordres hospitaliers. Nous pouvons citer la terre de *Demigny*, qui appartint jadis à Saint-Andoche et celles de la *Motte-Saint-Jean*, de *Saint-Jean*, de *l'Hôpital-le-Mercier*, qui étaient sous la juridiction spéciale du prévôt de Sussey. Ce dignitaire du chapitre représentait précisément le directeur de l'établissement de charité fondé par saint Léger. L'an-

cienne église d'Etang, dite la Chapelle-de-Saint-Jean,
pouvait aussi avoir appartenu aux Hospitaliers ; mais
nous n'avons pas de preuve suffisante.

On sait qu'à l'époque dont nous parlons il existait
un ordre militaire hospitalier du nom de Saint-Lazare.
Louis-le-Jeune avait donné des biens à ces chevaliers,
et saint Louis les ramena avec lui de la Terre-Sainte
en 1233.

On ne sera pas étonné en conséquence de voir le
duc Hugues IV, venant à Autun, prier au tombeau de
saint Lazare, avant l'année même où il allait accom-
pagner saint Louis à la Croisade. Ce duc était fils d'A-
lix de Vergy, sœur de l'évêque d'Autun. Voici le titre
qui prouve sa dévotion à saint Lazare :

« Hugues, duc de Bourgogne, à tous ceux qui verront les présentes lettres, salut. Que tous sachent
qu'au moment où nous allons partir afin d'aller au
secours de la Terre-Sainte, ayant pris notre route par
Autun, nous nous sommes présentés au chapitre de
la Cathédrale, dans l'église du bienheureux Lazare, à
la requête de notre vénérable père, seigneur et oncle
et très cher Guy de Vergy, par la grâce de Dieu, évêque d'Autun, et aussi à la requête dudit chapitre. Là
nous avons reconnu tenir d'eux en fief tout ce que
nous avons à Autun et dans le finage de Montcenis, et
encore notre château d'Avallon. Fait à Autun, l'an du
Seigneur mil deux cent trente-neuf. »

Ces exemples de piété n'étaient pas toujours imités
par les principaux seigneurs du pays. Vers 1253, le
noble homme *Jean de Châtillon-en-Bazois* et de *La
Roche-Milay* viola la justice du cloître, par violence

et avec armes, arrachant dudit cloître le damoiseau *Gui de la Perrière* et d'autres nobles personnages, compagnons dudit Gui, avec armes et cavalerie. L'évêque Anselle de Pomare ayant accordé les chanoines avec Jean de Châtillon, pour la réparation de cette injure, ledit Jean fit hommage au chapitre de vingt livres de terre sur son domaine de La Roche, afin de réparer l'offense faite aux chanoines. Il s'engagea de plus à se rendre, les pieds nus, et en chemise, avec cinq de ses nobles complices, à une procession qui aurait lieu, un jour solennel, dans l'église Saint-Lazare, et encore dans les églises de Langres, de Mâcon, de Chalon et de Nevers. On ne croyait pas trop exiger pour donner une solennelle sanction à la justice et aux privilèges que Jean de La Roche avait méconnus.

Cette punition exemplaire ne prévint pas toutes les entreprises du même genre. Dans le siècle suivant, le Bailli Robert de Martimpuis, nommé, à cause de ses excès contre les officiers de l'église, *Robert-le-Diable,* viola plus d'une fois la franchise du cloître. Un jour entre autres, après avoir accablé d'injures Hugues Charbonnier, procureur de l'évêque, prêtre et bachelier-ès-lois, il mit la dague au point et en aurait percé ledit Charbonnier si les assistants n'eussent garanti celui-ci, et ne lui eussent ménagé le moyen de sauver ses jours en se jetant dans l'église Saint-Lazare. Robert-le-Diable n'osa cependant pas porter le scandale jusque dans l'église elle-même. Un de ses compagnons de désordre, Huguenin de Jully, fut condamné à mort et exécuté aux fourches patibulaires de la Genetoye. Robert-le-Diable fut plus heureux. Comme il avait vaillamment combattu les Anglais, et qu'en mainte occasion il avait aidé le duc dans d'importantes affaires, on le laissa mourir en paix dans son lit à Montluçon, où il se trouvait dans les derniers moments de sa vie. Il voulut cependant faire oublier aux hommes et à Dieu ses méfaits, car on lit dans son testament, daté du quatorze novembre 1373 : « Je lègue » aux doyen et chapitre d'Autun une rente de qua- » rante francs d'or achetée de Simon d'Autun, sei- » gneur de Chevigny, destinée à fonder un anniver- » saire pour le remède de mon ame et une chapelle- » nie en l'église Saint-Ladre, en l'honneur de Notre » Seigneur Jésus-Christ. »

Du reste, les concessions ou restitutions faites à l'église Cathédrale, depuis l'ouverture de l'église Saint-Lazare, furent sanctionnées par les rois Philippe-le-Bel, Jean, Louis IX, Henri II et Charles IX.

Pour exercer convenablement le droit de justice sur toute la ville, pendant les seize jours, le chapitre avait créé deux principaux officiers : le *Terrier* qui était un chanoine distingué, docteur-ès-lois, connaissant de toutes les causes civiles jusqu'à 3 livres 5 sols ; et un *Bailli* qui jugeait les grandes causes, tant civiles que criminelles. On appelait à lui des jugements rendus par le Terrier. Ce dernier condamnait à l'amende tous ceux qui étaient reconnus tenir de fausses mesures et de faux poids. Personne autre que les officiers du chapitre n'avait alors le droit de faire porter dans le cloître des baguettes élevées, signe de juridiction. Le Terrier avait choisi la veille de la fête de Saint-Lazare

pour aller prendre possession solennelle de son pouvoir. Il se rendait avec tout l'appareil que nous allons
décrire au pont d'Arroux, où il tenait ses grands jours,
accompagné de ses officiers, et successivement dans
tous les quartiers de la ville, même privilégiés, au
châtelet de Saint-Andoche, sur le territoire de l'abbaye
de Saint-Jean. Le reste de l'année il rendait sa justice
dans son auditoire du cloître.

Le choix du Terrier se faisait d'abord au chapitre à
la pluralité des voix, et on le continuait les années
suivantes si l'on était content de son administration.
Cette charge était regardée comme si honorable, que
le doyen lui-même était flatté de l'obtenir.

Le 19 octobre de chaque année, veille de la Révélace, on avait soin d'exposer le reliquaire d'argent en
forme de bras renfermant l'ossement mis de côté par
l'évêque Humbert, en 1147. On déposait à côté un
bouquet. Après une courte prière, les chanoines portant des flambeaux allaient chercher l'élu à son hôtel.
Le précédent terrier offrait alors à son successeur le
bouquet déposé sur l'autel. Le nouveau terrier avait
presque une année pour se disposer à faire convenablement ses honneurs à la grande fête de Saint-Lazare. Le
31 août, veille de cette fête, on dressait devant son
hôtel des arcs de triomphe garnis de guirlandes de
bruyère fleurie, lesquelles entrelaçaient les écussons
de l'évêque, du chapitre et du terrier. A l'issue des
premières vêpres, tous les chanoines, chapelains,
gagistes, enfants de chœur, bâtonniers et officiers de
justice, se trouvaient à l'heure marquée sur le Terreau,
montés sur des chevaux caparaçonnés pour la plu-

part d'étoffes de soie. Les chanoines étaient revêtus de robes et de bonnets, ainsi que les officiers; tous portaient une baguette à la main, en signe de juridiction, et un bouquet. Le signal étant donné, ils allaient, rangés deux à deux, chercher le terrier à son hôtel, et à l'instant la cavalcade se mettait en marche. Les quatre sergents de la justice, en manteaux rouges d'abord, et depuis violets, garnis des armoiries du chapitre, marchaient à la tête, ensuite les enfants de chœur et les autres, chacun suivant son rang. La troupe, qui était commandée par le sous-chantre en semaine, était fermée par le terrier, placé entre les deux plus anciens dignitaires de l'église. Il portait en main son grand bouquet entrelacé de perles et de guirlandes de fleurs. Il s'en servait pour saluer les passants sans se découvrir. Il était suivi de tous les officiers de la justice. Une nombreuse troupe de musiciens exécutait avec toute sorte d'instruments des fanfares.

La cavalcade étant arrivée dans cet ordre au-delà du pont d'Arroux, le plus ancien des quatre sergents criait par trois fois : « De par Messieurs, qui veut » justice, qu'il s'approche. » Le terrier ou son bailli jugeait alors les causes appelées et écoutait les plaintes. On pesait le pain des boulangers, et ceux qui étaient trouvés en contravention étaient condamnés à une amende. Procès-verbal était dressé du tout par un greffier, après quoi le terrier était reconduit par un chemin différent, mais avec le même cortège, jusqu'à sa demeure. Messieurs les officiers de la ville et les magistrats, pour honorer l'église Cathédrale assemblée, faisaient tirer le canon lorsque le terrier et la montre passaient par le Champ-de-Mars, et envoyaient au terrier les vins d'honneur. Le chapitre reconnaissant envoyait de son côté les vins d'honneur au vierg ou à celui des magistrats qui, le lendemain, présidait la cérémonie faite par le corps de ville.

Un grand repas auquel devaient être invités tous les chanoines et les officiers de l'église était donné par le terrier, vers le soir. Le repas fini, le chapitre se rendait à l'église. On chantait en musique un mottet en l'honneur de Saint-Lazare, et alors le terrier, accompagné de tous ses collègues, marchant deux à deux en habit de cérémonie et au son de tous les instruments, allait allumer les feux de joie ou un feu d'artifice disposé sur la galerie du grand clocher. On reconduisait ensuite, en grand appareil, le terrier chez lui.

Les magistrats qui partagèrent toujours avec le terrier le soin de faire le guet et la garde le jour de la foire, imitèrent l'appareil et le cérémonial de l'église (1). La porte de l'hôtel du vierg était ornée, comme celle du terrier, par un arc de triomphe portant des festons de fleurs de bruyère. Les habitants assemblés étaient distribués en compagnie de cent hommes. Chaque compagnie avait son drapeau et ses

_____

(1) Plusieurs auteurs ont fait observer, avec raison ce semble, que la cavalcade du vierg n'avait pas eu pour unique origine de rendre honneur au chapitre et de veiller à l'ordre de la cité pendant la foire ; mais que c'était un reste des antiques assemblées militaires de septembre.

officiers. Les magistrats montaient à cheval avec leur robe de cérémonie. Le vierg, précédé de son infanterie et accompagné de nombreux musiciens exécutant des fanfares, y paraissait avec le bâton de commandement, marque de sa dignité. On y remarquait aussi le major de la ville. Un sergent de ville, armé de pied en cap d'une antique armure de fer, portait l'étendard de la cité et accompagnait le major afin de porter ses ordres partout où il en était besoin. Le cortège se rendait en grande pompe à la prairie de l'Arroux, près du temple dit de Janus, dans un lieu nommé dans les anciens titres *Campus Martis, Forum martiale* et aussi le *Pré au Vierg*. On ne peut douter que ce lieu ne fût celui où les comtes rendaient la justice et passaient en revue leurs troupes, aux grandes assemblées de septembre, assemblées dont on pourrait retrouver la trace bien avant l'époque mérovingienne. Arrivé au Champ-de-Mars, le vierg passait en revue sa milice et faisait ensuite la ronde par toute la ville. C'est à la suite de cette cérémonie civile qu'avait lieu l'attaque et la prise d'un fort, au centre de la ville, sur le *Champ Saint-Ladre,* que nous nommons aujourd'hui le *Champ-de-Mars.*

Au quinzième et au seizième siècle, un autre genre de spectacle attirait l'attention de la foule. Pour satisfaire la piété des nombreux pèlerins qui venaient en foule vénérer les reliques de saint Lazare, on jouait des mystères sur un théâtre élevé au Champ Saint-Ladre ou sur le Terreau. Les sujets les plus ordinaires de ces mystères étaient *les gestes de Monsieur Saint-Ladre* ou la *passion de Notre Seigneur Jésus-*

Christ. Chasseneuz raconte que de son temps, en
1516, on construisit un amphithéâtre de bois tellement vaste qu'on y comptait 240 loges, et qu'il pouvait contenir 80,000 spectateurs. Cette année-là, ce
fut le célèbre Pierre Turrel qui composa la pièce de
vers. En 1484 on était allé chercher dans la Comté un
poète qui reçut 75 livres en récompense du poème
fait par lui en l'honneur de *Monsieur Saint-Ladre.*

Ce n'était pas seulement dans cette grande solennité de septembre et à celle de la Révélace que le nom
de saint Lazare et ses précieuses reliques recevaient
de publics hommages. Voici le cérémonial usité au
quinzième siècle. Nous traduisons la réponse que fit,
le 2 juillet 1482, le chanoine Nicolas Goguet à l'inter-
rogatoire qui lui fut fait en sa qualité de témoin dans
le procès mû entre les églises d'Autun et d'Avallon :
il était alors âgé de 70 ans.

« Voici, dit-il, ce que j'ai toujours vu pratiquer :
quand un prince, un noble ou un bourgeois désire,
par un sentiment particulier de dévotion, voir le chef
de saint Lazare que l'on conservait dans certaines armoires de bois peintes et dorées, placées à la droite
du maître-autel de l'église dédiée à ce saint, avant la
construction des armoires de pierre, d'un admirable
travail, qui viennent d'être construites et dans lesquelles on a transporté, depuis environ deux ans, ledit chef renfermé dans une châsse d'argent, enrichie
d'ornements en or et de pierres précieuses, on a coutume de sonner une des grosses cloches spécialement
destinées pour cela dans le clocher ou la tour dite de
Saint-Michel. On sonne un certain nombre de coups,

ménagés à des intervalles de convention, qui annoncent à tout le peuple de la cité d'Autun que l'on va exposer le chef de saint Lazare. Alors la foule se presse dans l'église afin de voir cette précieuse relique. En même temps le chapitre et le clergé de l'église se réunissent au chœur. Un des dignitaires, revêtu d'une des chappes les plus riches, accompagné de deux clercs portant des flambeaux et d'un thuriféraire, s'avance près des armoires dans lesquelles le chef de saint Lazare est conservé. On voit alors la châsse somptueuse dont nous venons de parler et d'autres précieux reliquaires. Le dignitaire prend celui qui renferme le chef de saint Lazare, et le montre au peuple qui le vénère avec une vive foi. On chante une antienne, on récite une collecte. On ne permet de baiser la relique qu'aux rois de France, aux princes du sang, ou à ceux qui sont envoyés de leur part. » En outre de la fête de septembre et de la Révélace où l'exposition avait lieu, on montrait encore le chef de saint Lazare à la fête du mois de décembre, anniversaire de la translation du corps du saint de Marseille à Autun, et le vendredi de la quatrième semaine de Carême, jour ou l'Eglise lit publiquement le passage de l'Evangile où il est fait mention de la résurrection de saint Lazare.

La châsse dont on vient de parler avait été donnée en 1342, par le doyen Thibaud de Semur, selon Saunier, ou selon Gagnare par Girard, archevêque de Nicosie, dans l'île de Chypre, ancien chanoine d'Autun »

D'anciennes notes du quinzième siècle nous ap-

prennent qu'on lisait sur les lames d'argent et sous les
plaques de cristal de cette châsse les vers suivants, qui
n'ont d'autre prix que leur valeur monumentale et
leur expression de piété :

O qualis patet pretii vas hoc speciosum,
Quod caput observat sancti Lazari pretiosum.
Vas mundum mirabilius cludit caput intus.
In me thesaurum teneo quod plus valet auro,
Pro quo thesauro sum factus vas pretiosum.
Benedictus qui venit in nomine Domini.

Ainsi le saint parlait lui-même aux pieux visiteurs
par les inscriptions de la châsse qui renfermait son
chef.

Nous avons dit que certains pèlerins faisaient des
neuvaines sous le porche, disposé pour les recevoir.
En voici un remarquable exemple. Vers l'an 1432, un
homme riche de la ville de Liège, atteint de la lèpre,
et qui avait usé déjà sans succès de tous les moyens
de l'art afin de guérir, vint à Autun dans l'espérance
d'être délivré par les mérites de saint Lazare. En ar-
rivant, il exposa son dessein au doyen et au chapitre,
et demanda qu'il lui fût permis de faire sa neuvaine
dans le porche de l'église Saint-Lazare, ne voulant
pas, tant par humilité qu'à cause de son mal qui le
rendait hideux à voir, entrer dans l'église et se mêler
avec les fidèles. Les chanoines lui offrirent cependant
d'y entrer ou du moins de demeurer dans l'une des
petites chambres construites sous les combles et qui
étaient au service des gardiens de l'église. Il ne voulut point accepter cette offre et passa le temps de sa
neuvaine aux portes du temple dans le lieu appelé les

Marbres. La neuvaine étant achevée, il fut introduit par le chapitre dans l'église même et conduit auprès de la châsse du saint. A peine eut-il fait son offrande qu'il fut subitement guéri de la lèpre. Il retourna à Liège, comblé de joie, racontant partout le miracle de sa guérison. Les offrandes faites dans ces occasions avaient quelquefois une assez grande valeur. Un habitant de Paris, très riche et d'une maison illustre, fit présent à l'église d'Autun, en témoignage de sa reconnaissance, de deux statues d'argent, dont l'une représentait sainte Marie-Madeleine et l'autre sainte Marthe, et qui furent placées des deux côtés de la châsse renfermant le chef. Elles avaient quatorze ou quinze pouces de hauteur et portaient chacune des inscriptions sous leur piédestal.

Pour augmenter de plus en plus la dévotion des fidèles à l'égard du corps vénéré de saint Lazare, le cardinal de Sainte-Croix, légat apostolique en France, accorda le rescrit dont voici la teneur :

« Nicolas, par la miséricorde divine, cardinal prêtre de la sainte Eglise romaine, du titre de Sainte-Croix de Jérusalem, légat du Siège apostolique dans le royaume de France et pays adjacents, à tous les fidèles du Christ, salut en Notre-Seigneur.

» Dans tous les siècles qui se sont succédé, l'intercession des saints élus a été d'un grand secours au genre humain pour obtenir la divine miséricorde ; cependant, la charité des fidèles ayant commencé à se refroidir, et le jour de l'antechrist faisant pressentir son approche, nous croyons qu'il est plus nécessaire d'appeler l'intervention des bienheureux. Tous ceux

qui contemplent dans la celeste Jérusalem et dans la
félicité éternelle la gloire de Dieu, nous protègent par
leurs prières et par leurs supplications contre les em-
bûches du démon. Toutefois nous devons compter plus
spécialement, pour notre salut, sur l'appui de ceux
qui ayant tout quitté pour suivre Jésus-Christ, lorsqu'il
vivait en ce monde, sont admis aujourd'hui à la par-
ticipation des récompenses de la vie éternelle. De ce
nombre se trouve le bienheureux Lazare, qui a mérité
d'être ressuscité quatre jours après sa mort par Notre-
Seigneur, et qui eut l'insigne faveur de s'asseoir souvent à la table très sacrée du divin Maître. »

« Désirant donc obtenir l'aide de ses prières, et
procurer aux fidèles le bénéfice de sa puissante amitié
près du Christ, nous convions par des grâces spiri-
tuelles, par des indulgences et des rémissions de pei-
nes dues au péché, le peuple chrétien à visiter avec
dévotion l'église dédiée en son nom, dans le Château
d'Autun, et où reposent les restes de ce glorieux saint
avec les reliques de plusieurs autres bienheureux. »

« A tous ceux donc qui après s'être confessés au-
ront donné les signes d'une véritable pénitence, au-
ront visité cette église de saint Lazare, aux jours de
Noël, de la Circoncision, de l'Epiphanie, de la Résurrection, de l'Ascension et de Pentecôte ; et aussi aux
jours de la Nativité, de l'Annonciation, de la Purifica-
tion et de l'Assomption de la bienheureuse Marie
toujours vierge, comme aux fêtes de la Nativité de
saint Jean-Baptiste, des saints apôtres Pierre et Paul,
de sainte Marie Madeleine, de la Toussaint, du vendredi avant la Passion, et de la solennité de saint

Lazare, priant avec ferveur le grand saint, et faisant quelque offrande pour l'entretien et la décoration de ce temple ; nous remettons au nom de la miséricorde de Dieu et par l'autorité des bienheureux apôtres Pierre et Paul, *cent jours d'indulgences* des pénitences qui leur ont été imposées. La présente concession sera perpétuelle pour le vendredi avant la Passion, elle durera vingt années seulement pour les autres jours. »

A tous ceux qui visiteront dévotement et aideront par leurs libéralités l'église des saints Nazaire et Celse, contiguë à saint Lazare, édifice commencé sur un plan somptueux dans sa grandeur et admirable dans ses détails, mais qui ne saurait arriver à son achèvement et à sa perfection sans les aumônes des fidèles, nous leur accordons *cent jours d'indulgence* toutes les fois qu'ils coopéreront à cette bonne œuvre d'ici à l'achèvement des travaux entrepris. »

« Donné à Beaune, diocèse d'Autun, le 25 août, l'an de Notre-Seigneur mil quatre cent trente-deux, la seconde année du pontificat du seigneur Pape Eugène IV, sous notre scel accoutumé. »

A l'époque où ce rescrit fut concédé, l'archidiacre d'Autun était Jean Rolin, fils du célèbre chancelier Rolin, qui hésitait entre les deux villes de Beaune et d'Autun pour la fondation d'un magnifique hospice. On sait que le chancelier se résolut à établir l'hospice à Beaune et à doter la ville d'Autun de la collégiale de Notre-Dame. Quant à son fils l'archidiacre, devenu évêque d'Autun, il lui fut donné d'attacher tellement son nom à l'église saint Lazare et au culte de ce saint que les constructions et les décorations dues à sa mu-

nificence ont presque fait oublier celle des premiers
et royaux fondateurs. Nous avons vu qu'il substitua,
avant 1480, aux anciennes armoires de bois peint qui
renfermaient la châsse de saint Lazare, de magnifiques
armoires de pierre richement sculptées et décorées.
Le feu du ciel ayant endommagé une partie notable
de l'église, vers 1468, Jean Rolin, alors cardinal, fit
construire le système de fenêtres et la voûte de l'apside de saint Lazare, les deux chapelles de sainte
Marie-Madeleine et de sainte Marthe, pratiquées dans
les apsides des basses nefs, la grande chapelle adja-
cente qui, dans la pensée du cardinal, devait servir
de sacristie, et qui fut concédée dans la suite par le
Chapitre pour servir de chapelle funéraire aux héri-
tiers du président Jeannin. Son œuvre capitale fut la
construction de la grande flèche en pierre, aussi remarquable par son effet pittoresque que par la har-
diesse des combinaisons architectoniques qui ont permis de l'élever. En 1466, le cardinal avait fait fondre
la grosse cloche qui sert encore aujourd'hui de bourdon. Voici l'inscription qu'on y lit :

> Je fus du nom de *Marthe* baptisée
> Par Jehan Rolin, cardinal, et donnée,
> Noble pasteur du saint lieu de céans ;
> De sept milliers au pois je fus pesée,
> Mil quatre cent soixante-six l'année
> Et cy mise ou je suis bien céans.

Plus tard il donna à son église l'autre sœur de saint
Lazare, comme l'apprenaient les vers suivants inscrits
sur une belle cloche aujourd'hui détruite, mais dont
le souvenir a été longtemps populaire :

Après *Marthe* ma sœur germaine,
Moy qui me nome *Magdeleine,*
Me donna par don libéral,
Le bon evesque et cardinal
De céans Jehan Rolin nomé :
L'an mil quatre cent fust renomé
Septante sept, quand je fus fondue
Et pèse dix miliers pendue ;
Prie Dieu que tel don lui face
Qu'enfin le puisse voir face à face.

La cloche Marthe ne fut point altérée par l'incendie de 1468, parce qu'alors elle se trouvait dans la tour de saint Michel, près du portail; elle ne fut transportée au grand clocher qu'à l'époque des guerres de religion, alors que la Madeleine fut refondue.

Le cardinal fit construire encore la chapelle de Saint-Vincent décorée par de riches sculptures et par de belles peintures murales. On voit encore ses armoiries sur la porte d'une autre chapelle. — La tribune qui supporte l'orgue est son ouvrage. Il avait fait établir à l'entrée du chœur un ambon couvert de sculptures et de statues. On admirait les grilles en bronze qui servaient de clôture au chœur. Elles étaient un don de sa munificence, aussi bien que le baldaquin de bronze, porté par quatre colonnes de même métal, et couronnant le grand autel, et aussi l'aigle de bronze servant de pupitre.

Ce ne fut pas assez pour lui, il dota plusieurs chapelles des rentes nécessaires pour leur entretien, aussi bien que pour la subsistance des prêtres qui devaient y célébrer le service divin. Il les pourvut d'un riche mobilier et de vases sacrés ; il multiplia les fêtes et

13

les cérémonies, dont plusieurs tendaient à augmenter le culte de saint Lazare. Il me serait impossible d'entrer dans le détail de toutes ses fondations. Je me contenterai de mettre sous vos yeux le volume manuscrit du quinzième siècle, dans lequel on les trouve énumérées authentiquement.

Nous sommes arrivés chronologiquement à l'époque du fameux procès élevé entre les deux églises d'Autun et d'Avallon relativement à la possession du vrai chef de saint Lazare. Nous avons mis de côté, dès le principe, cette discussion qui a enfanté des liasses d'écrits et de procédures. Nous citerons seulement la lettre du roi Louis XI qui a donné lieu à ce débat ; elle est adressée au cardinal Rolin.

« De par le Roi.

» Notre amé et féal, Monsieur le Cardinal, j'ai puis naguères envoyé à Ostun, et pareillement à Avalon pour savoir au vrai si le corps et le chief de M. saint Ladre y sont, et comment ils furent apportés. On m'a fait le rapport de ce qu'on y a trouvé, mais pour la diversité et différence qui sont à cause du chief que les uns dient être en l'église du dict Ostun, et les autres en l'église d'Avalon (¹), je ne scay bonnement à quoi m'en arrester, et pour ce je vous prie qu'incontinent à toute diligence vous mandés à vos vicaires que on face le procès pour scavoir à la vérité où le dit chief est, et enquérez vous en, et faites que la sentence en soit donnée et que on n'en abuse plus, et s'il vous

(¹) L'ossement que l'on conservait à Avallon n'était point le crâne entier mais une faible portion.

plaît, qu'il n'y ait point de fruste, car j'ai grand désir de scavoir à la vérité, et à Dieu, monsieur le cardinal. Escript à Notre-Dame de Cléry le XIII jour de juing. Ainsi souscrit Loys, et Parent, secrétaire. » C'était en 1482.

Il nous suffira de dire que le chef conservé à Autun n'a point le même caractère d'authenticité que le reste des ossements du saint ; toutefois l'enquête qui vient d'avoir lieu, en 1856, confirme de plus en plus la tradition de l'Eglise d'Autun.

Les troubles religieux du seizième siècle ne diminuèrent point le culte des reliques de saint Lazare. Les procès-verbaux du temps nous apprennent que l'on faisait alors de fréquentes processions pour obtenir ou la conversion des hérétiques, ou le rétablissement de la paix. Dans ces processions il y avait ordinairement une halte à l'église des Cordeliers, sur le Champ-de-Mars, afin de ouïr un sermon. On y portait les reliquaires, « à savoir une croix par le prestre, l'ymaige de Nostre-Dame par le dyacre, et le *bras de saint Lazare* par le soubs-dyacre. » Ces officiers devaient être à jeun. Le 9 septembre 1558, le diacre et le sous-diacre, « pour la grande chaleur qu'il faisoit et pour obvier aux inconvénients, avoient envoyé demander une pinte de vin aux caves de Messieurs du chapitre ; » mais elle leur fut refusée parce que, dit-on, « ils ne doibvent déjeuner avant le service. »

Plus d'une fois cependant les malheurs du temps obligèrent à mettre en gage les joyaux et meubles moins servants et nécessaires, et aussi les reliquaires ; on mettait alors « les ossements et saintes reliques enveloppés en quelqu'étendard ou aultres draps de soie, marqués par billets pour les connoître les uns et les autres, en quelque lieu saint, jusqu'à ce qu'on les puisse restituer et remettre en leur première forme. » Dans d'autres moments, l'approche des troupes hugue-notes engageait à cacher avec soin tous ces objets pré-cieux que l'on rendait ensuite avec enthousiasme à la vénération des fidèles.

Dans les deux siècles qui suivirent, il ne se passe presque pas d'année que les magistrats de la ville, désirant conjurer quelque fléau, ne présentent une requête au chapitre, pour obtenir l'exposition des reliques de saint Lazare et une procession géné-rale. La teneur de ces requêtes montre quelle con-fiance la population d'Autun avait dans son saint patron. Le chapitre n'accordait la grâce demandée qu'après s'être assuré que toutes les précautions se-raient prises par les magistrats, soit pour éviter l'en-lèvement des reliques, soit pour leur procurer les honneurs militaires ([1]). Le soin de porter les saintes

---

([1]) Registres capitulaires, — *passim*. Voici le texte d'une re-quête du mois de juillet 1758.

A Messieurs les doyen, chanoines et chapitre de l'église Ca-thédrale d'Autun,

Supplient humblement les maire, échevins, syndic et habi-tants de la ville d'Autun, et vous remontrent, Messieurs, que les pluies continuelles qui n'ont cessé de tomber depuis envi-ron un mois ont empêché la récolte des fourrages et la matu-rité des autres biens de la terre, et, comme on est dans l'ap-préhension que ces pluies ne continuent, le public désire qu'on fasse des prières publiques au Seigneur, par l'interces-sion des saints Lazare et Racho, pour obtenir un temps favo-

reliques était toujours réservé à des chanoines et même à des dignitaires.

Vers la fin du dix-septième siècle et le commencement du dix-huitième, les attaques téméraires du docteur Launoy et de Baillet commencèrent à jeter des doutes sur la valeur des traditions séculaires qui se rattachaient au culte de saint Lazare à Autun et à Marseille. Le théologal Pierre-Bénigne Germain, l'un des hommes les plus érudits qu'Autun ait produits, mais un peu trop favorable aux idées de l'école Janséniste, ne craignit pas de protester contre ces traditions, au moins en ce qui tient à l'apostolat de saint Lazare à Marseille. On avait alors perdu tellement le sens des données les plus précises des monuments, que l'on alla même jusqu'à penser que le tombeau de marbre placé derrière le grand autel contenait, non point le corps de saint Lazare, mais celui de Girard, évêque d'Autun. Un passage de l'*Autun Chrétien,* ou-

rable aux biens de la terre. Pour quoi les magistrats recourent à ce qu'il vous plaise, Messieurs, faire exposer les reliques des saints Lazare et Racho, qui reposent en votre église, pour ensuite être portées dans une procession générale, aux offres que font les suppliants de faire mettre sous les armes la milice bourgeoise pour escorter lesdites reliques, de faire fermer les portes de la ville pendant ladite procession et jusqu'à ce qu'elle soit rentrée dans votre église, et de faire tirer le canon; et ferez justice. Regist. de 1756 à 1759, p. 439. Le chapitre, en accédant à cette demande, délégua MM. Thiroux, archidiacre d'Avallon, et Danchemant, prévôt de Bligny, pour porter les reliques de saint Lazare; MM. Gaudry, J. de Lagoutte, Lenoble et Bernier pour porter celles de saint Racho.

vrage imprimé en 1686 (¹), était conçu de manière à
justifier cette étrange opinion.

Le chapitre de l'église Cathédrale s'émut de ces
diverses attaques, et trouva un appui aussi éclairé que
zélé dans son évêque, Mgr de Moncley. On résolut en
conséquence d'ouvrir le tombeau que nous avons décrit en parlant de l'œuvre admirable exécutée au
douzième siècle par le moine Martin, sculpteur habile.
Ce fut alors qu'on découvrit l'inscription authentique
que nous avons citée et qui est relative à la translation des reliques de l'église Saint-Nazaire à celle de
Saint-Lazare, en 1147. L'ouverture du tombeau avait
été faite par Mgr de Moncley, lui-même, avec le plus
grand appareil, le 20 juin 1727. Le lendemain, en la
présence du prélat, M. Roux, conseiller, médecin du

(¹) Page 29. — XLVI évêque d'Autun, — Girard 1, en l'année 965, sous le pontificat de Jean XII et le règne de Lothaire,
apporta de Marseille à Autun le corps de saint Lazare. Il établit une rente au profit du chapitre sur la terre de Monceau,
et *son corps* est inhumé derrière le grand autel de son église,
dans un tombeau de marbre, par lequel la forme de son église
est représentée. — « Malgré tous les monuments qui étaient
sous les yeux des chanoines et qu'il était facile d'examiner,
dit Gagnare, p. 340, on avait presque oublié que le corps du
saint avait été placé sous le tombeau du temps de l'évêque
Humbert. Ce qui contribuait encore à fortifier ce doute, c'est
que, depuis qu'on eut transféré l'anniversaire de l'évêque Girard en cette église, l'auteur de l'*Autun Chrétien* assurait que
le corps de cet évêque avait été enseveli sous ce magnifique
mausolée de marbre. Cette erreur était augmentée par l'usage
de tendre le maître-autel d'ornements noirs pendant la messe
et les vigiles. On mettait outre cela sur le mausolée un grand
drap de couleur jaune. »

roi, et M. Masson, chirurgien juré, furent appelés pour
assister à l'ouverture du cercueil de plomb; le rapport de ces deux experts constate que l'on reconnut
dans le cercueil tous les objets mentionnés dans le
procès-verbal du douzième siècle que nous avons traduit plus haut textuellement.

Le théologal Germain fut témoin de cette découverte qui renversait les suppositions mensongères de
quelques prétendus savants et qui eut beaucoup de
retentissement. Le 26 juin 1731, le chapitre prit la
résolution suivante qui fut exécutée et qui lui fait
honneur.

« La matière mise en délibération, il a été conclu
que les précieuses reliques de saint Lazare seraient
déposées dans le cercueil de plomb dans lequel elles
avaient été trouvées, l'inscription authentique gravée
sur ledit cercueil ne permettant pas qu'on les en sépare ; et que ledit cercueil sera mis dans le mausolée
de marbre qui est derrière le maître-autel, au-dessus
du lieu où il était ci-devant, pour satisfaire la dévotion
des peuples. » Dans un précédent procès-verbal, le
même chapitre avait reconnu la valeur artistique et
monumentale de l'ouvrage du moine Martin. Mais,
trente années après, les idées avaient bien changé. Il
semble que le mépris des anciennes institutions et des
traditions les plus respectables qui avait fait invasion
dans l'ordre civil, réagissait avec une force bien grande
dans l'ordre ecclésiastique.

Le premier symptôme de cette tendance à faire
disparaître plusieurs monuments intéressants et plusieurs bons usages du moyen-âge se manifesta à l'oc-

casion du candélabre de cuivre à sept branches, ouvrage remarquable du quinzième siècle dû à la générosité du cardinal Rolin. Il s'éleva à cet égard dans
le chapitre deux partis dont les discussions furent
fort vives et fort longues ; les uns voulant vendre
le candélabre pour procurer des ornements nouveaux,
les autres s'opposant à cet acte de vandalisme. Au
moins la manie de tout changer qui s'emparait alors
des esprits souleva-t-elle d'énergiques protestations
parmi les chanoines. De 1760 à 1764 les résolutions
les plus fâcheuses l'emportèrent. Nous n'avons pas les
délibérations de ces années-là, mais nous trouvons, à
la date du 25 janvier 1765, l'insertion de la lettre suivante adressée par le chapitre à son évêque. » Monseigneur, le vif intérêt que vous avez paru prendre
aux réparations que nous faisons au chœur de notre
église ne nous permet pas de vous laisser ignorer celles
que nous nous proposons de faire pour le sanctuaire ;
plus nous l'examinons et plus nous nous apercevons
qu'il ne peut subsister dans l'état où il est. Le *goût de*
nouveauté que nous donnons à notre chœur ne peut
convenir et s'allier avec un sanctuaire aussi *antique*
et aussi *mal entendu*. »

Déjà sans doute, après avoir fait des réparations utiles à la nef de l'église, on avait changé les dispositions
anciennes du chœur, on avait démoli le jubé couvert de
statues, on avait vendu les grilles en bronze qui fer-
maient le chœur ; et le sculpteur Marlet avait substitué
aux antiques décorations les stalles qui furent abattues
à leur tour en 1793, et dont on voit des restes, soit à
la Cathédrale, soit dans la salle de l'hôtel-de-ville. Le

22 mars 1765, le sieur Marlet fils présenta le devis
des réparations à faire au sanctuaire. Il s'agissait cette
fois d'abattre le baldaquin de bronze du maître-autel,
de mettre hors du chœur les tombeaux de Thierry et
d'Ermentrude de Bar, de détruire enfin le magnifique
ouvrage du moine Martin, dans lequel, depuis six siècles, reposait le corps de saint Lazare, de même que
les belles armoires du quinzième siècle dans lesquelles étaient conservés le bras et le chef du même
saint, ainsi que d'autres reliquaires et images précieuses par leur matière ou par leur travail. On s'occupa
aussi de remplacer par un pavé neuf la mosaïque du
douzième siècle représentant le zodiaque. Les devis du
sieur Marlet et plus tard ceux du marbrier Dorel furent
adoptés. La décoration en boiseries et en marbres que
nous voyons aujourd'hui dans le sanctuaire de Saint-
Lazare est leur œuvre. Sans doute elle a son caractère
de grandeur et de richesse qu'il ne faut point mécon-
naître ; elle a conservé même quelque chose de la
tradition de l'Eglise. Mais rien ne peut remplacer aux
yeux du chrétien et de l'artiste les monuments précieux qui furent alors sacrifiés ([1]). Nous avons pu re-

([1]) Voici la délibération du 24 janvier 1766.

« Sur le rapport fait à la compagnie par M. Develle, abbé
de Saint-Etienne, au nom et de la part de Messieurs les Commissaires députés pour les réparations et décoration de leur
église, de la conférence qu'ils ont eue ensemble au sujet de
réparations et décoration du sanctuaire de ladite église, *ur-
gentes et nécessaires ;* Messieurs y délibérant ont autorisé mesdits sieurs les commissaires à faire dès à présent tous les mar-
chés nécessaires, savoir pour la démolition et reconstruction
des degrés du chœur au sanctuaire et pour le pavé du sanc-

trouver au grand portail la grande imagerie du sculpteur Gislebert, en abbattant le plâtrage qui la recouvrait ; mais les images de saint Lazare et de ses deux
sœurs qui décoraient le trumeau n'existent plus ; mais

tuaire, pour la démolition de l'autel actuel et du *mausolée y
attenant,* ensemble de *l'escalier montant au reliquaire,* pour
faire faire les massifs tant du trône épiscopal que celui de la
crédence correspondante, et le revêtissement du pilier auquel
elle sera adossée, pour faire mettre en fer les dormants des
vitraux de la rotonde (l'apside), abattre les montants et éven-
tails du dessus desdites croisées étant en pierres et goût gothi-
que, faire démolir le portail d'entrée des chapelles collatérales dites de prime et privilégiées, faire enfin reconstruire à
neuf et les degrés et pavés desdites deux chapelles. Ont néanmoins délibéré qu'il ne serait fait actuellement aucune autre
réparation et décoration du sanctuaire qu'après que mesdits
sieurs les commissaires en auraient conféré et les auraient
fait examiner par le sieur Perreault, architecte, demeurant
actuellement à Saint-Martin-lès-Autun. » — Je ne sais si ce
Perreault descendait de l'architecte de la colonnade du Lou-
vre. Cette fois Boileau aurait pu lui dire avec raison : *Soyez
plutôt maçon si c'est votre talent.* Le 30 mai de cette même année 1766, « des soumissions furent faites par le sieur Dorel,
marbrier de Lyon, pour construire le grand autel en marbre
avec ornements en cuivre doré, pour paver aussi le sanctuaire
en marbre, pour faire l'escalier du chœur au sanctuaire, pour
*revêtir le fond du sanctuaire en ordre d'architecture, avec cor-
niches, colonnes, chapiteaux, frises, panneaux, etc.,* et de construire un autel au-dessus duquel sera posé un *nouveau reliquaire* surmonté d'un baldaquin soutenu par quatre colonnes avec une gloire au-dessus, pour orner en plâtre l'espace d'entre le second cordon jusqu'à la corniche au bas des
grands vitraux. » — Ce plan a reçu dans l'exécution quelques
modifications.

nous avons cherché en vain quelques débris de la
sculpture qui représentait au portail latéral la résurrection de saint Lazare. Ces changements ne s'opé-
rèrent pas sans d'assez vives réclamations. Nous lisons
dans une délibération du 14 octobre 1767 : « M. l'abbé
de Lagoutte a eu charge, pendant son séjour dernier à
Dijon, de solliciter une audience auprès de M. le Procureur général du Parlement de cette province au sujet d'un mémoire du 17 septembre dernier, responsif
aux plaintes que certains quidams luy auroient portées contre eux pour avoir fait adosser à un mur, près
et derrière la porte supérieure de leur église, une
pierre posée anciennement sur quatre piliers, sur laquelle étoient deux figures représentant MM. de Montbelliard, seigneurs d'Antigny, et ôter des tombes sur
lesquelles il y avait quelques petites lames ou plaques
de cuivre avec des inscriptions ou épitaphes, lesquels
changemens toutefois n'auroient été faits qu'à raison
de décoration et de réparations nécessaires à leur
église, et de ce que lesdites tombes étaient usées et
cassées en différentes parties. Ledit sieur de Lagoutte
ayant rendu compte à la compagnie des instructions
de M. le Procureur général à ce sujet, il a été décidé
que la pierre sur laquelle sont représentées les figures
de MM. de Montbelliard (¹) sera transférée dans une
chapelle au-dessus de la grande sacristie et posée sur
quatre piliers, ainsi qu'elle l'était auparavant. » Cette

(¹) On se rappelle qu'il s'agit des figures de Thierry de Mont-
béliard et d'Ermentrude sa femme, que l'on peut regarder
comme les fondateurs ou principaux bienfaiteurs de l'église
Saint-Lazare.

satisfaction donnée aux *certains quidams,* M. le Procureur général laissa faire tout le reste. Le 29 novembre il répondit. « Messieurs, j'ai reçu l'extrait de la
délibération que vous avez formée au sujet des changemens faits dans votre église. Je suis charmé que
vous ayez bien voulu prendre des arrangemens pour
éviter toutes les plaintes qui auroient pu m'être portées à cet égard. Au surplus, Messieurs, vous me trou-
verez dans tous les temps disposé à concourir à vos
vues qui seront toujours dignes de la sagesse d'une
compagnie telle que la vôtre. Signé Pérard. »

Du reste, tant de déplorables changements se faisaient, comme on vient de le voir, avec toute la ma-
turité que supposent des délibérations en règle et des
commissions. Des architectes même dirigeaient ce mouvement. Le siècle allait à la dérive et préparait par degrés, sans s'en douter, la grande démolition qui devait bientôt s'opérer avec un effroyable fracas (¹).
Puis, il faut bien le dire, les grandes mesures admi-
nistratives prises par le gouvernement et par les Etats

(¹) On retrouve dans les délibérations capitulaires jusqu'au
style du temps. Le chanoine Benoît ayant fait réparer à ses
frais la chapelle dite du Crucifix, dans laquelle il fit placer
*un grand tableau à cadre doré représentant la cène de Notre-
Seigneur,* le même sans doute dont nous avons réuni les diverses parties et qui se voit actuellement à l'Evêché, « MM. les
chanoines, pour donner à M. Benoît des *preuves de leur sensibilité* et de leur reconnaissance, l'ont invité à regarder doré-
navant ladite chapelle comme la sienne. » — Registre de
1766, p. 339.—Le 17 mars 1769, le chapitre fait témoigner à
M. de Lagoutte, chanoine, la *sensibilité* et les remercîments
de la compagnie pour ses dévoués services.

provinciaux dans des vues d'utilité publique, obli-
geaient les arts et l'histoire à de durs sacrifices et ha-
bituaient les esprits à faire peu de cas de la conservation des monuments, quand une raison *d'utilité ou de
goût plus épuré* était présentée (¹). C'est ainsi que les
Etats de Bourgogne arrêtèrent le tracé de la route
d'Autun à Beaune et à Chalon par le milieu même de
l'amphithéâtre romain, et que malgré les réclamations
du chapitre, ils firent transporter, à son grand détri-
ment, la fontaine Saint-Lazare du lieu où elle avait
été construite et où elle se mariait avec l'élégante
chapelle de Denis Poillot, au lieu ingrat où nous la
voyons aujourd'hui. Les réparations faites à Saint-
Lazare coïncident avec plusieurs mesures tendant à
faciliter le service divin et à satisfaire les exigences
du temps. Nous serions injustes si nous ne faisions
pas remarquer les choses vraiment belles et bien en-
tendues que nous devons à l'ancien chapitre. Le grand
reliquaire placé au fond de l'apside ne saurait faire
oublier le mausolée du douzième siècle ; mais c'est
une tradition heureuse qui perpétue l'usage de la con-

(¹) C'était même quelquefois par *intérêt pour la conservation
des monuments* que l'on entreprenait de nouvelles décorations.

« Le 27 mai 1768, M. le comte de Clugny désirant contribuer à la *conservation des monuments* contenus dans la chapelle dorée, fondée par sa famille, fit présenter les plans de
différentes décorations qu'il voulait faire approuver. » — Le
chapitre s'empressa d'adopter les plans desdits *décorations
et embellissements,* dont le premier acte fut sans doute de ba-
digeonner les belles peintures murales du quinzième siècle,
dont la découverte nous a demandé tant de soins.

servation des reliques de saint Lazare dans le lieu de
l'église où les fit placer, en 1147, l'évêque Humbert
de Baugé. La croix du maître-autel et les six chandeliers de bronze doré sont de véritables chefs-d'œuvre,
et les bas-reliefs dont ils sont ornés se rapportent à
l'histoire de saint Lazare, patron de l'église. A cet
égard ils ont un caractère monumental. Ils furent
exécutés dans les ateliers du sieur Renard, marchand
doreur et sculpteur à Paris. Le marché fut de 20,000
francs (¹), plus une gratification de 115 fr. que le
chapitre accorda volontiers à cause de la perfection
de l'ouvrage. Ils arrivèrent à Autun au mois d'août
1777 (²). Nous lisons dans une délibération du chapitre du 12 septembre 1777. « Messieurs ont témoi-
gné à M. de Lagoutte, doyen, leur satisfaction de la
beauté et élégance tant de la croix que des six chandeliers de cuivre dorés en or moulu qu'il a eu la bonté
de faire exécuter à Paris pour leur maître-autel, et ils
lui en font leurs remercîments. » Plus tard, au 28 novembre 1784, nous lisons encore « Messieurs ont re-
mercié M. le Doyen du beau et bon tapis qu'il a acheté
à Paris, pour couvrir la totalité du sanctuaire de leur
église. » L'administration de M. de Lagoutte, qui
avait toute la confiance du chapitre, se fait remarquer par une foule de mesures, toutes très habile-
ment conduites, la plupart très utiles, surtout si l'on

(¹) Actes capitulaires du 26 août et du 5 septembre 1777.

(²) On peut évaluer à 250,000 fr. les sommes dépensées par
le chapitre depuis le commencement des embellissements
conçus dans une vue d'ensemble. Ce chiffre résulte de l'étude
des pièces authentiques.

fait la part de l'esprit du temps. Sous sa main tout se régularisait ; les revenus de l'église s'accroissaient ; une discipline plus forte et une sorte de magnificence dans les pompes sacrées se faisaient remarquer. La fête de Saint-Lazare se célébrait avec un plus grand appareil. Mais l'esprit d'innovation auquel on ne céda que trop eut des conséquences qui ne furent pas suffisamment prévues.

Tout semblait prospérer, et cependant l'heure à laquelle devait disparaître l'œuvre fondée par saint Léger s'avançait. Au moins le chapitre d'Autun fut-il digne, à cette heure solennelle, de son saint et courageux fondateur. Les dernières délibérations capitulaires ont un caractère de noblesse et de grandeur qui fait du bien à l'âme. Un de ses plus grands regrets, en quittant le sanctuaire auquel tous ses membres avaient consacré leur existence, fut de ne pouvoir plus chanter les louanges de Dieu, près du corps vénéré de l'ami de Jésus-Christ. A quelque temps de là une main sacrilège arracha les précieux ossements des châsses qui les renfermaient, afin de mettre à prix les lames d'argent dont elles étaient recouvertes. Le corps de saint Lazare fut profané ; mais Dieu veillait à sa conservation et réservait à de meilleurs temps la persévérance du culte dont il devait être l'objet. Le temple lui-même, après avoir été souillé par la fête de la *Déesse Raison,* fut sur le point d'être mis à l'encan. La proposition en fut faite par l'un de ces hommes timides qui, manquant de courage au jour du danger, sacrifient leurs convictions à la crainte. L'opposition à une mesure aussi désastreuse vint au contraire de l'un des hommes les plus avancés dans les opinions du temps et les plus puissants (¹). Quel qu'ait été le motif de sa conduite, son action mérite de la reconnaissance, car elle a eu pour résultat la conservation d'un monument élevé par la foi de nos pères à l'ami du Sauveur des hommes. (²)

Le pape Innocent II était venu jadis consacrer cette église de sa propre main, la Providence permit qu'au moment où elle était rendue à sa primitive destination, et où elle recueillait de nouveau le trésor qui fait sa gloire, elle fût visitée par le pape Pie VII. Ce souvenir est assez grand pour que nous l'ajoutions à ceux que nous avons enregistrés. Enfin nous ne saurions mieux terminer cette notice qu'en reproduisant textuellement l'ordonnance publiée par Mgr de Fontanges, après les informations canoniques qu'il avait ordonnées (³) pour constater la conservation de la plus grande partie des saintes reliques.

(¹) Le citoyen Loriot, chef de la garde nationale.

(²) La **croix** et les chandeliers du maître-autel furent conservés comme objets d'art, grâce au conseil éclairé de M. Marc **Joubert**, architecte de la ville.

(³) Ces informations furent faites avec le plus grand soin par M. Circaud, ancien vicaire-général de Mâcon, fort versé dans le droit canonique, et qui avait été chargé, avant 1789, de plusieurs procédures importantes, pour diverses affaires.

Reconnaissance des reliques de saint Lazare, faite par
Mgr de Fontanges, évêque d'Autun.

(Archives de l'évêché d'Autun)

FRANÇOIS DE FONTANGES, par la miséricorde divine
et l'autorité du Saint-Siège apostolique, archevêque-
évêque d'Autun, à tous ceux qui les présentes lettres
verront ou entendront, salut et bénédiction en JÉSUS-
CHRIST Notre Seigneur.

Depuis que la divine Providence nous a appelé au
gouvernement de ce diocèse, l'un des objets de notre
constante sollicitude a été le recouvrement des saintes
reliques qui reposaient dans notre église Cathédrale
avant la révolution. Nous savions que des ames pieuses avaient recueilli, dans les jours d'angoisse et de
tribulation, quelques-uns des ossements vénérables
qui y étaient anciennement conservés. Nous savions
encore que celui qui, selon le langage du Psalmiste,
se sert *des enfants pour manifester sa gloire et con-*
fondre ceux qui ne respirent que la haine et la ven-
geance, avait employé leurs mains innocentes à tirer ces dépouilles sacrées des tombeaux, où les en-
nemis du Seigneur et de son CHRIST avaient résolu de
les ensevelir ; et nous osions espérer que le DIEU, qui,
pour parler encore comme l'Ecriture, *garde les osse-*
ments de ses saints après les avoir délivrés de leurs
afflictions, ne souffrirait pas qu'une église qui remonte
presque aux temps apostoliques demeurât entièrement

15

privée de l'un des principaux objets de son respect et de son amour.

Grâces immortelles lui soient rendues pour son ineffable bienfait : il a exaucé nos vœux ; nous avons reconquis une très grande partie des restes précieux de l'ami de Jésus-Christ et de l'un de nos saints prédécesseurs (saint Racho). Non-seulement la piété éclairée des fidèles, qui les avait soustraits à la profanation, les a rendus à la vénération publique, elle nous a fourni encore les moyens de constater leur identité selon les formes prescrites par les saints décrets. Ce n'est qu'après nous être conformé avec une scrupuleuse exactitude aux règles canoniques, que nous croyons pouvoir et devoir présenter de nouveau aux hommages de nos diocésains les reliques qui en furent si longtemps l'objet, ordonner leur translation dans notre église Cathédrale, et confier leur garde à notre chapitre.

Après une confusion générale, il devait être difficile d'acquérir des éclaircissements assez positifs pour prononcer que les ossements épars, quoique vénérés avec soin par ceux qui s'en étaient pieusement établis les dépositaires, fussent individuellement ceux de saint Lazare et de saint Racho. Mais la sagesse éternelle se plaît, selon sa propre expression, *à confondre la sagesse des sages, et à rejeter la prudence des prudents.* Elle a permis que les profanateurs négligeassent les précautions les plus simples, et c'est à cette négligence que nous sommes redevables d'une aussi étonnante conservation. S'ils eussent mêlé les dépouilles mortelles des saints avec celles des chrétiens que l'Église ne reconnaît pas pour tels, c'en était fait : il devenait à jamais impossible, sans un miracle du Tout-Puissant, de les distinguer, et nous serions condamnés à pleurer sans espoir la perte de cet inestimable trésor. Mais dans leur délire frénétique ils crurent avoir anéanti toute idée religieuse ; ils dédaignèrent de s'abaisser à des soins dont une fureur insensée leur persuadait l'inutilité ; ils rejetèrent une vigilance qui n'aurait pas assez prouvé leur profond mépris pour les choses saintes ; ou plutôt, ô mon Dieu ! vous ne vouliez que nous châtier pendant un temps déterminé, et vous frappâtes d'aveuglement les spoliateurs de vos temples ; et vous les forçâtes à nous préparer eux-mêmes les témoignages que nous aurions à désirer sur les reliques de vos saints, lorsque les jours de votre miséricorde seraient enfin arrivés.

Nous le disons avec joie, parce que nous le disons avec certitude, nous possédons encore une fois les reliques de saint Lazare et de saint Racho ; nous connaissons une portion distincte des unes et des autres, et nous n'avons pas la moindre raison de douter que le surplus de ce qui nous a été remis n'ait appartenu à l'un ou à l'autre de ces bienheureux.

Il est temps de replacer dans le temple élevé au Seigneur, sous l'invocation de l'un d'eux, ces *ossements humiliés* pendant quelques instants dans la poussière d'un sépulcre ; il est temps de réunir dans le lieu saint ces restes dispersés pendant plusieurs années dans des lieux obscurs, profanes et peu dignes de les recevoir ; ils est temps de satisfaire l'empressement des fidèles qui désirent honorer ceux que le diocèse, et principalement la ville épiscopale reconnaît depuis tant de siècles pour ses protecteurs auprès du Tout-Puissant.

A ces causes........ tout vu, considéré, mûrement examiné et délibéré, le saint nom de DIEU invoqué......, nous avons dit qu'il demeure prouvé :

1º Que la tête rapportée par Jeanne Moreau, femme Mongin, est réellement le chef de saint Lazare, ci-devant conservé en notre église Cathédrale, dont il ne reste plus, par l'effet des soustractions qui y ont été faites, que l'os coronal, les deux os pariétaux, une partie de l'occipital et l'os temporal droit ;

2º Que les quatre ossements rapportés par Françoise-Claire, femme Daclin, savoir : un tibia, une vertèbre cervicale, une vertèbre dorsale et le fragment d'une vertèbre lombaire, font partie des reliques ci-devant honorées dans ladite église comme reliques du même saint Lazare ;

3º Que les trois ossements qui ont été rapportés, le 27 messidor, par Mme Marie-Anne-Françoise Bony, épouse de M. Buffot de Millery, l'un des deux qui ont été rapportés, le 30 du même mois, par la même dame, et l'un de ceux qui ont été rapportés par Mademoiselle Julie Billard ; lesquels cinq ossements sont deux côtes, une vertèbre dorsale et un tibia partagé en deux, font semblablement partie des reliques ci-devant honorées dans ladite église, comme reliques du même saint Lazare.

4º Que le morceau d'étoffe de soie bleue joint aux ossements rapportés par Mme Daclin, les morceaux de même étoffe joints à la tête rapportés par Mme Mongin, et encore les morceaux de même étoffe, de toile, de soie rouge, débris d'étoffe d'or et d'argent, rapportés par Mme de Millery, etc., sont des lambeaux d'anciens suaires de saint Lazare. (¹)

En conséquence, nous avons ordonné par les présentes et ordonnons :

Que la châsse servant anciennement à conserver les reliques de saint Racho sera réparée, couverte d'une

(¹) Parmi les morceaux d'étoffe se trouvent plusieurs mètres carrés de celle qui est distinguée dans le procès-verbal de 1147 sous le nom de PALLIUM SERICUM PRETIOSUM, dont l'évêque Humbert entoura le corps de saint Lazare et qui fut retrouvé en 1727, lors de l'ouverture du tombeau par Mgr de Moncley. Ce pallium était une écharpe de soie d'un bleu violacé, couverte d'ornements brodés en fils d'or et en fils de soie de diverses couleurs. On y remarque des médaillons dans lesquels sont des animaux semblables à des chimères, seuls ou affrontés, des oiseaux de proie tenant dans leurs serres un petit quadrupède, une suite de cavaliers tenant à la main un oiseau dressé pour la chasse, ou ayant sur la croupe de leurs chevaux un quadrupède destiné au même usage. Ces cavaliers portent une longue barbe noire en pointe, et sont coiffés souvent de mitres persannes et de turbans. Chacun d'eux varie par son attitude ou par la forme de ses armes. On lit des légendes en caractères cufiques sur la ceinture de plusieurs d'entre eux. Les mots arabes *Nassaraou Allaou* (*qu'Allah le protège*) y sont parfaitement reconnaissables. Les idées de *force,* de *puissance,* de *victoire* et de *gloire,* sont exprimées par les autres mots. Il est donc certain que nous possédons une étoffe venue d'Orient. Il est très probable que cette écharpe faisait partie du vêtement d'un prince arabe, qu'elle a été apportée comme un trophée par quelque Croisé et offerte à saint Lazare, selon un usage dont on voit plus d'un exemple à cette époque.

étoffe en soie et ornée avec la décence convenable,
pour lesdites reliques y être déposées ;

Que dans l'étage supérieur de la même châsse seront placés, d'un côté le chef et les neuf ossements
qui font partie des reliques anciennement honorées
dans notre église Cathédrale comme reliques de saint
Lazare ; de l'autre, le chef et les deux ossements qui
font partie des reliques anciennement honorées dans
la même église comme reliques de saint Racho ;

Que dans l'étage inférieur seront placés les quatorze
autres ossements qui font partie des reliques anciennement honorées dans la même église, comme reliques de saint Lazare ou de saint Racho, mais que nous
ne pouvons prononcer être de l'un plutôt que de l'autre ;

Que la châsse sera ensuite fermée à clef, pour être,
le samedi trois septembre (16 fructidor) prochain,
transportée en notre dite église Cathédrale ;

Que la translation sera annoncée le même jour, à
l'heure de midi, par le son de la cloche ; qu'elle sera
faite processionnellement à trois heures de relevée,
avec toutes les solennités et cérémonies en tel cas ac-
coutumées, et que les autorités constituées seront in-
vitées à y assister ;

Que la châsse sera portée par les chanoines de notre chapitre, et placée avec un luminaire convenable
dans le chœur de notre église Cathédrale, pour y demeurer exposée à la vénération des fidèles, depuis les
premières vêpres de la fête de saint Lazare, qui se
chanteront après la procession, jusqu'à la fin des complies du jour de l'octave de la même fête ;

Que la châsse sera portée, après complies du jour
de l'octave, dans un des cabinets attenant à la sacristie, y sera fermée à clef et provisoirement conservée par le chapitre, qui demeurera spécialement
chargé de sa garde, jusqu'à ce que nous puissions la
placer ailleurs, et ne la laissera retirer du lieu de dépôt que pour être exposée aux fêtes de saint Lazare,
de saint Racho et de la vénération des saintes reliques ; à moins que par nous ou nos successeurs évêques, il n'en soit, à raison de quelque nécessité publique ou pour d'autres considérations supérieures,
autrement ordonné ;

Que notre présente ordonnance sera publiée au
prône des deux églises de cette ville, le dimanche
vingt-huit août, présent mois (dix fructidor prochain),
et que copie d'icelle en forme probante sera placée à
demeure dans la châsse avec les reliques auxquelles
elle est relative, pour servir dans la suite à établir
leur authenticité;

Et parce que, depuis la procédure achevée, plusieurs fidèles nous ont annoncé ou fait annoncer la
remise prochaine d'autres reliques anciennement conservées, tant dans notre église Cathédrale qu'en d'autres églises de la banlieue, nous avons de nouveau
commis M. Charles-Camille Circaud, à l'effet de pro-
céder à leur vérification, de la manière qu'il estimera
la meilleure, pour les procédures à nous rapportées
être sur icelles statué ce qu'il appartiendra.

Donné à Autun, sous notre seing, notre scel archié-
piscopal et le contre-seing de notre secrétaire diocé-

sain, le 18 août 1803, trente thermidor an onze de la
république française.

† FR., *arch. év. d'Autun.*

Par ordre de M. l'archevêque-évêque,

MAURY, *secrétaire.*

TRANSLATION

RELIQUES DE SAINT LAZARE

Le 7 septembre 1856.

———

Depuis quinze jours une commission, formée par Mgr l'Evêque d'Autun, travaillait à la vérification des reliques possédées par l'église Cathédrale. Le rapport, lu par M. Bouange, son président, dans une réunion capitulaire du 8 septembre, exposa de la manière la plus précise et la plus convaincante que l'église d'Autun possède la plus grande partie des ossements de saint Lazare et de saint Racho, et qu'il avait été possible, soit à l'aide de preuves historiques, soit par l'anatomie comparée, d'attribuer à chacun des deux corps en partie mélangés pendant la Révolution les ossements qui lui ont appartenu. Les études auxquelles les membres de la commission s'étaient livrés,

16

leur permirent en outre de reconnaître les nombreux restes du corps de saint Symphorien et le corps presque entier de saint Fauste et de Ste Augusta, parents du jeune martyr. On acquit enfin la certitude que d'autres ossements placés avec soin, en 1804, dans une boîte de plomb, comme reliques certaines mais innommées, étaient ceux de saint Procule et de saint Euphrône, évêque d'Autun. Le rapport entendu, Mgr de Marguerye confirma par son autorité épiscopale les conclusions de la commission. En même temps arrivaient de Paris deux belles châsses en bronze doré vraiment remarquables par le bon goût de leurs ornements et la perfection du travail. Les émaux, les filigranes, les pierreries, distribués avec intelligence dans cette ornementation imitée de celle du douzième siècle, produisent le plus riche effet et font honneur à M. Poussielgue-Rusand, qui les a confectionnées dans ses ateliers d'après les dessins du P. Arthur Martin.

La plus belle des deux châsses renferme le corps vénéré de saint Lazare, avec quelques parcelles des ossements de sainte Marthe et de sainte Marie-Madeleine, ses deux sœurs, et de saint Maximin. On a eu l'heureuse pensée de joindre à ces précieux restes de la famille de Béthanie un fragment de l'éponge présentée à Jésus-Christ pendant sa passion, et un morceau du voile de la très sainte Vierge conservé à Chartres, et des parcelles d'ossements des apôtres saint Pierre et saint Paul. Il était convenable de réunir tous ces souvenirs des faits évangéliques.

La seconde châsse en bronze doré contient les reliques insignes de saint Procule, de saint Syagre, de saint Révérien, de saint Léger, évêques d'Autun, de saint Flocel, martyr, de saint Ardan, abbé de Tournus, de saint Philippe, apôtre, de saint Clément I et de saint Marcel, papes, de saint Vincent, diacre et martyr, et de saint Jérôme, docteur, ainsi qu'un grand nombre de reliques moins insignes par leur volume, mais toutes très précieuses à cause des saints illustres auxquels elles appartiennent. On a placé dans une troisième châsse le corps de saint Symphorien et ceux de saint Fauste et de sainte Augusta, ses parents. Le corps de saint Racho, évêque d'Autun, est contenu dans une quatrième châsse avec celui de saint Euphrône.

Dès le samedi, avant vêpres, ces châsses sont transportées solennellement du monastère de la Visitation à l'église Cathédrale, et Mgr de Marguerye officie pontificalement. Vers le soir, le son des cloches avertit la population que S. Em. Mgr le Cardinal, archevêque de Bordeaux, vient d'arriver. Nos Seigneurs l'archevêque de Sens, et les évêques de Nevers et de Saint-Claude se sont aussi rendus avec empressement à l'appel fraternel qui leur a été fait par Mgr de Marguerye. On apprend avec peine que Mgr l'Evêque de Dijon, qui avait annoncé son arrivée, a été retenu, le matin même, par une indisposition. L'esprit de foi qui anime la population, la grande affluence des étrangers, montrent que la pensée de Mgr l'Evêque d'Autun a été comprise. Tout se prépare pour l'une des plus brillantes solennités religieuses dont notre ville ait été témoin.

Le lendemain, à dix heures, S. Eminence le Cardinal de Bordeaux entre à l'église Cathédrale, précédé d'un nombreux clergé accouru non-seulement des diverses parties du diocèse d'Autun, mais encore des diocèses voisins, d'une double haie de chanoines et de vicaires-généraux, de MM. Bourdon, camérier de Sa Sainteté et curé de St-Vincent de Chalon, Devoucoux, chanoine et vicaire-général d'Autun, Crosnier, vicaire-général de Nevers, l'un et l'autre protonotaires apostoliques, de Ngrs Mabile, évêque de Saint-Claude, Dufêtre, évêque de Nevers, de Marguerye, évêque d'Autun, Jolly, archevêque de Sens. Des sièges ont été préparés dans le sanctuaire pour les prélats romains et pour les évêques. Son Eminence va se placer au trône épiscopal et commence l'office pontifical célébré avec la plus grande pompe. Un chœur de musiciens, soutenu par un excellent orchestre, exécute avec le plus grand succès une messe de la composition de M. Duvois, dont l'expression éminemment religieuse répond aux pieuses dispositions de l'assemblée et à l'importance de la solennité. Immédiatement après l'évangile, Mgr l'Archevêque de Bordeaux adresse à la foule qui se presse une brillante allocution que nous sommes heureux de pouvoir reproduire textuellement :

Et erit sepulcrum ejus gloriosum.
Et son tombeau sera glorieux.
(Isaïe, chap. 11, v. 10.)

« MESSEIGNEURS ET NOS TRÈS CHERS FRÈRES,

» Le spectacle qui se présente en ce moment à nos

regards est le magnifique commentaire des paroles
sacrées que nous venons de vous faire entendre. Cette
foule qui se presse dans ce temple, ces Pontifes venus
des diocèses les plus reculés, ce parfum de foi qu'on
respire sous ces voûtes séculaires, ce frémissement
de la piété, cette pompe des cérémonies, disent éloquemment, plus éloquemment qu'aucune langue hu-
maine ne saurait l'exprimer, la gloire du saint dont
nous vénérons aujourd'hui les précieuses reliques.

» Quand il nous serait donné de parler le langage
des anges, quand nos lèvres, purifiées par un charbon
ardent, feraient entendre des paroles de feu, nous ne
saurions atteindre à cette hauteur de louange qui
ressort de l'attitude de tout un peuple préoccupé de la
même pensée, sous l'impression du même sentiment,
envahi par les mêmes noms et les mêmes souvenirs.

» Aussi, dès l'abord, nous sentons notre faiblesse.
Comment en effet répondre à l'émotion de vos cœurs?
Cependant il nous en coûterait, N. T. C. F., de ne
pas vous dire nos impressions et nos pensées ; et s'il
nous fallait revenir vers notre troupeau le cœur rempli de sentiments que nous vous devrions et que nous
ne vous aurions pas manifestés, nous nous accuserions
nous-même d'ingratitude.

» C'est pour nous éviter ce remords que nous vou-
lons vous faire entendre, un moment, notre parole.
Nous la plaçons, dès maintenant, sous la protection
de la reconnaissance, ce sentiment toujours sacré en
celui qui l'éprouve, toujours respectable pour celui
qui en est l'objet.

« Soyez donc bénie, Eglise d'Autun ; vous vous êtes

» montrée digne de votre glorieux passé, de tant de
» Pontifes dont les noms sont inscrits dans le livre de
» vie, de tant d'illustres prérogatives qui firent de
» vous une des plus célèbres des Gaules, et le pre-
» mier siège épiscopal de la Bourgogne! Soyez bénie
» pour le spectacle que vous avez mis sous mes yeux ;
» et en admirant la manifestation d'une foi si vive et
» si chrétienne, en voyant, en face d'un appareil pu-
» rement religieux, un enthousiasme qu'on a dit sou-
» vent n'être plus ni de notre siècle, ni de nos mœurs,
» ni de notre pays, j'ai mieux compris qu'il ne fal-
» lait pas trop s'attrister sur ce présent, et qu'il se-
» rait injuste de désespérer de l'avenir.

» Et ce n'est pas seulement parmi vous, N. T. C. F.,
que l'Eglise recueille ces triomphes, et que les amis
de Dieu, les saints et les martyrs, reçoivent ces hommages. Partout les restes des héros de la foi sortent
de leur obscurité et secouent la poussière de leurs
tombeaux ; partout le souvenir de leurs triomphes,
l'histoire de leurs combats, dissipent peu à peu les
nuages qu'avaient amoncelés autour de leur mémoire
une sagesse orgueilleuse et la haine de l'impiété! La
France surtout se distingue parmi toutes les nations
du monde dans ce mouvement de réparation. A peine
remise de ces troubles violents qui s'étaient faits autour de ses autels, elle est descendue dans ses catacombes, elle a recueilli dans ses mains les ossements
de ceux qui furent ses enfants, et qui sont aujour-
d'hui ses protecteurs; et les offrant à la vénération
des peuples, elle a fait revivre l'empire de leurs exemples et l'héroïsme de leurs sacrifices.

» Sans doute, il reste encore beaucoup à faire ; et, sans parler ici de ces précieuses dépouilles que la main de l'hérésie ou la fureur des révolutions ont mêlées à la poussière du chemin, que d'autres qui dorment encore ignorées du monde ! Que d'autres dont les noms se lisent au martyrologe de nos Eglises, et dont les cendres vénérées ne sont plus connues que des anges de Dieu! Héros de la foi, martyrs de Jésus-Christ, vierges, confesseurs, ils sont au nombre de plus de cent mille (¹) ceux qui vécurent sur le sol que nous foulons, qui illustrèrent notre pays par l'effusion de leur sang et la grandeur de leurs travaux. Et combien de ceux-là qui n'ont plus de tombeaux parmi nous, et dont nous ne pouvons plus vénérer la dépouille? Combien même de ces cent mille bienheureux qui furent nos concitoyens sur la terre, à qui notre cœur n'a pas su donner un asile contre l'ingratitude et la honte de l'oubli !

» Autrefois les saintes reliques étaient des trésors d'un prix inestimable. Dans la primitive Eglise on allait les chercher jusque sur les plages lointaines, on les recueillait au péril de sa vie. En France surtout, car c'est d'elle que je veux parler plus spécialement aujourd'hui, elles étaient l'objet d'un culte enthousiaste et populaire. On leur élevait des monuments superbes, et les plus belles cathédrales ne semblaient pas des tombeaux au-dessus de leur dignité. Telle était même la confiance qu'elles inspiraient, qu'on les regardait comme le palladium des cités et le boule-

---

(¹) *Martyrol. Gallic.*, præf.

vard le plus asssuré des royaumes ([1]). Aux jours de combat, depuis la conversion de Clovis, on les portait en tête des armées ([2]), et les vieux Francs, nos pères, leur attribuaient leurs victoires. Leur conviction, au dire de Baronius, était que le culte des saints faisait la force de leur empire et devait être la condition de sa durée. Aussi, en lisant les antiques annales qui nous ont transmis les hauts faits de nos aïeux, on n'est pas surpris d'entendre un roi, Gontran, parler ainsi aux évêques et aux barons : « Comment voulez-vous que » nous remportions des victoires si nous ne gardons » pas les nobles traditions de nos pères ? Ceux-ci bâ- » tissaient des églises, honoraient le sacerdoce, véné- » raient les reliques des martyrs, et leurs entrepri- » ses étaient couronnées de succès. Pour nous, loin » de craindre Dieu, nous l'insultons dans la personne » de ses ministres et de ses saints; aussi nos bras se » sont affaiblis, nos épées se sont endormies, et la » victoire nous a abandonnés ([3]). » Charlemagne, lui-même, — prenez garde, N. T. C. F., celui-là était un grand cœur et une grande âme, — Charlemagne, avant d'entreprendre un voyage ou une guerre, s'en allait à Saint-Denis, et, en prenant l'oriflamme dont l'apô-tre des Gaules était et fut longtemps le gardien, il fai-

([1]) *Annales de Baronius,* — passim. — Allusion à une inscrip-tion qu'on peut lire à Saint-Sernin, à Toulouse, sur la porte qui conduit aux reliques : *Hi sunt vigiles qui custodiunt civitatem.*

([2]) Reges Galliæ numquam ad bella, insalutatis martyribus regni patronis procedebant, nec nisi prævias deferrent reli-quias. (*Martyrol. Gallic.* de Du Saussay, préf.)

([3]) Grégoire de Tours, livre 8, chap. 30.

sait cette touchante prière : « Seigneur Saint-Denis,
» permettcz-moi d'aller où le devoir m'appelle ; je
» vous laisse l'empire et vous confie le soin de le dé-
» fendre et de le garder selon Dieu (¹). » Paroles tou-
chantes dans un prince si illustre ! Mœurs admira-
bles, dans un si puissant pays ! Maintenant peut-être
elles font sourire ; mais un sarcasme s'émousse devant
une si grande renommée.

» Ah ! pourquoi n'avons-nous pas la même piété en-
vers nos saints devanciers ? Pourquoi sommes-nous si
froids à l'égard de ces peuples de martyrs, *populos
martyrum*, disent les chroniques ? Notre terre a été
une terre de héros. Nulle autre, à part celle de Rome,
n'a germé une moisson aussi abondante d'élus. Ils
peuvent nous protéger, nous sauver ; et pendant de
longues années leurs noms ne se trouvaient plus sur
nos lèvres, et leurs ossements gisaient, sans honneur,
en des lieux où nous ne savions plus aller.

» Cependant, ô Eglise de France, fille aînée de la
sainte Eglise romaine, ces milliers de héros qui t'ai-
mèrent jusqu'à te prodiguer leurs sueurs, à te donner leur vie ; ce nombre presque incalculable de héros qui t'ont faite si noble, si belle, tous ces enfants
illustres n'étaient-ils pas ta joie et ta couronne ? Mère
de nos âmes, patrie de notre foi, portion bénie du
royaume de Jésus-Christ, dédaignais-tu tous ces joyaux
de ton diadème ? N'avais-tu pour eux qu'indifférence
et dédain ?

(¹) Domine sancte Dionysi, a vobis facultatem peto abeundi,
Franciamque vobis relinquo, ut illius secundum Deum curam
et tutelam capiatis. (Belforestius in *Cosmographia*.)

» Non, N. T. C. F., l'Eglise gémissait de cet oubli;
aujourd'hui son cœur se rouvre à l'allégresse en voyant
la vénération dont on entoure les restes de ses enfants,
et en acquérant tous les jours la certitude que parmi
nous la dépouille des saints est encore considérée
comme le trésor le plus précieux. Heureux progrès
que nous avons constaté en plusieurs circonstances,
et qui nous a procuré d'inexprimables jouissances.
Nous n'oublierons jamais le triomphe en l'honneur de
saint Artémon, à Rhodez, à qui toute une province,
où fleurit encore une foi primitive, offrait une magnifique hospitalité dans un tombeau plein de gloire.
Toujours nous aurons présente à l'esprit la pompe cé-
lébrée dans la ville épiscopale de Saintes, lorsque,
après des siècles, le premier de ses évêques, le père
de la foi, le martyr qui paya de sa vie son dévouement
à l'Evangile, saint Eutrope quitta un cercueil obscur
pour s'offrir à la vénération de ses enfants. Et ici,
N. T. C. F., dussions-nous renouveler les larmes cau-
sées par une récente séparation, nous ne saurions oublier que l'un des enfants de l'Eglise d'Autun (¹) vient
d'être choisi par le Seigneur, afin de perpétuer la
chaîne de glorieux pontifes qui unit à saint Eutrope
l'illustre de Larochefoucauld, scellant de son sang,
dans l'Eglise des Carmes, le témoignage de sa foi.
Par son dévouement comme par sa science, l'évêque
qui vient de sortir des rangs de ce chapitre sera digne
de sa haute mission.

(¹) Mgr Landriot, évêque de La Rochelle et de Saintes, pré-
cédemment chanoine d'Autun.

» Un des souvenirs les plus chers de notre vie est aussi d'avoir présidé ce cortège auguste qui accompagna les cendres d'Augustin à travers une partie de l'Italie, de la Provence et au-delà de la Méditerranée, et les rapporta à sa ville d'Hippone. Elles en avaient été exilées quand l'Afrique cessait d'être chrétienne ; mais l'Afrique, devenue une terre française, en réclama une partie, se montrant ainsi fidèle aux traditions du pays qui l'avait conquise à la civilisation et à la foi. Hélas ! le successeur d'Augustin lui-même nous avait invité à cette magnifique fête, et en retour de cette joie qu'il nous avait procurée, il y a quelques jours à peine, nous avions la douleur de lui donner un tombeau ; il s'était endormi dans le Seigneur, laissant une mémoire douce et pure comme sa vie, amère comme ses malheurs. Enfin, bientôt après, N. T. C. F., c'était l'église de Bordeaux qui rendait à l'abbaye restaurée de La Grande-Sauve le corps de saint Gérard. Je vois encore ces populations émues se pressant autour des précieuses reliques, j'entends la parole étonnante d'un de nos vénérables frères dans l'épiscopat (¹), réveillant les échos depuis longtemps muets d'une Eglise du douzième siècle, et s'inspirant des ruines du passé pour donner au présent d'austères leçons.

» La Providence de Dieu a voulu nous ménager une autre grâce, celle d'assister à une nouvelle résurrection de Lazare, et au triomphe de vos autres protecteurs. Nous l'en bénissons, et nous en rendons grâce,

---

(¹) Mgr Bertaud, évêque de Tulle.

N. T. C. F., à votre pieux évêque qui a bien voulu
nous convier à partager sa joie, et à ajouter, par un
spectacle si édifiant, un jour de bonheur à notre vie.

» Non, je n'ai pas vu sans une vive consolation tant
de magnificence unie à tant de foi, et je suis sûr que
du haut du ciel les Rhéticius, les Egemontius, les Sim-
plicius, les Euphronius et tant d'autres saints évêques
ont partagé mon bonheur, celui de leur successeur et
le vôtre. Ils ont salué, dans la fête de ce jour, un évènement providentiel, qui, dans la pensée de Dieu,
doit servir à réveiller votre foi et à opérer des œuvres
dignes d'elle.

» C'est peut-être à dessein que ces cendres illustres, que surtout les reliques de celui qui fut sur la
terre l'ami de Jésus-Christ, ont été laissées longtemps
sans honneur. La bonté divine leur a ménagé une
noble réparation qui tournera à votre salut. Car, sortant de nouveau de leur tombe, elles reparaissent avec
la fraîcheur et le parfum des anciens jours. Leur
vertu est plus grande pour avoir été longtemps voilée,
et la céleste odeur qui en émane n'en est que plus pé-
nétrante. Une seconde fois elles opèreront ce merveilleux prodige que nous lisons dans le Martyrologe
français, où il est dit que sous le règne de Louis VII,
l'évêque Humbert ayant mis dans une châsse plus riche les restes précieux de saint Lazare, en présence
de plusieurs évêques et d'un peuple innombrable, il
s'en échappa une odeur suave, comme d'un vase de
parfums qu'on aurait brisé, et que la multitude ravie
s'en revint en rendant grâces à Dieu. (¹)

(¹) *Mart. Gallic.* — Decimo tertio kalendas novembris. —

» A vous aussi, N. T. C. F., ne semble-t-il pas que de ces ossements sacrés sort aujourd'hui, non plus un parfum sensible, mais une de ces mystérieuses influences qui raniment la foi et excitent le courage ? Ah ! acceptez-la, elle vous vient de celui qui reçut du Maître une seconde vie ! Elle émane de ce qui fut sur la terre le tabernacle d'une ame prévenue de tant de faveurs. C'est le courage des Symphorien, des Nazaire, des Irénée qui parle à votre cœur ; c'est le zèle des André, des Philippe, des Martial, des Grégoire ; c'est la sainteté des François de Sales et des Vincent de Paul; c'est la pureté des Claire et des Thérèse ; c'est la vertu sous toutes ses formes qui cherche à vous séduire, et ne dirait-on pas que pour l'aider à atteindre ce but, l'Eglise universelle a voulu avoir ici ses catacombes ? Car tous les siècles, même les plus éloignés, tous les lieux ont parmi vous d'héroïques représentants, et je ne sais pas si ailleurs qu'à Rome on pourrait assister à un pareil rendez-vous.

» Bordeaux lui-même vous a donné quelque chose de ses richesses, une partie des reliques de saint Sevrin, le quatrième de ses évêques. Aujourd'hui j'en

---

Augustoduni Æduorum, revelatio corporis S. Lazari, Christo dilecti, episcopi et martyris, facta temporibus Ludovici VII, regis christianissimi, pietate Humberti ex regio Francorum stemmate eximii episcopi Æduensis qui capsam tanti cœlitis solemniter reseravit, assistentibus Galtero Cabillonensi, Gafrido Lingonensi, Pontio Matisconensi..... Confluente innumera clericorum, equitum, populique ex circumpositis regionibus multitudine, qui odore fracti alabastri percepto, multa cum gratiarum Deo reddita actione, ad propria redierunt.

bénis Dieu, N. T. C. F., à cause du triomphe auquel
participe mon saint prédécesseur ; à cause aussi des
liens de charité qui unissent mon Eglise à celle d'Autun, et dont cette relique et cette fête seront désor-
mais le gage.

» Mais vous comprenez sans peine, N. T. C. F., à
quoi vous oblige la possession de ces trésors, et combien aujourd'hui vous manqueriez à la grâce si vous
sortiez d'ici sans en remporter la résolution d'une vie
plus conforme aux héroïques modèles dont les ossements sont sous vos yeux ; car, dit saint Jean-Chrysos-
tome, dans les desseins du Seigneur, le culte des martyrs a pour but de nous faire honorer leur constance
et de nous porter à l'imitation de leurs vertus (¹). Et
quelles sont les vertus qui ont donné à vos protecteurs l'éternité dans le ciel et l'immortalité sur la
terre ? Sans doute, chacun d'eux a eu les siennes propres ; mais celui d'entre eux qui avait vécu dans l'in-
timité de Jésus-Christ, le frère de Marthe et de Marie,
le ressuscité de Béthanie, celui sur lequel s'était exercée la puissance souveraine, vous le comprenez,
celui-là devait croire, car il avait vu ; mais ceux que
vous associez à son triomphe, ces généreux soldats de
la vérité ont cru, eux aussi, ils ont cru et ils sont
morts pour ne pas trahir la foi de leur baptême : que
leurs corps meurtris, que leur sang répandu parlent
éloquemment ! L'avenir, N. T. C. F., ne nous réserve

(¹) Saint Jean Chrysostome, premier sermon sur les martyrs.
Nemo est qui nesciat martyrum glorias ad hoc, divino consilio, a
Dei populis frequentari, ut et illis debitus honor dicetur et nobis
virtutis exempla, favente Christo, monstrentur.

pas d'aussi cruelles épreuves, nous n'aurons jamais à choisir entre notre vie et notre foi ; mais à chaque instant nous aurons à choisir entre notre conscience et les penchants d'une nature mauvaise. De quel côté irons-nous? Du côté de Dieu ou du côté de nous-même? Du côté des plaisirs du temps ou du côté des intérêts éternels? Si vous aviez une foi vive, la question ne serait pas douteuse, mais sans elle vous la résoudrez contre le ciel et contre vous ; car sans la foi, pas de force, sans force, pas de combats, sans com-bats, point de couronnes!

» Un chrétien qui a la foi, N. T. C. F., mais c'est une puissance à qui rien ne résiste ! Fût-il un enfant comme ce tendre martyr Symphorien, qui est un des anges protecteurs de cette Eglise, il sera brave comme un héros, et pourra s'écrier avec saint Paul : Je peux tout en celui qui me fortifie : *omnia possum in eo qui me confortat.*

» Avec la foi en Jésus-Christ, douze pauvres bate-liers du lac de Génézareth ont conquis l'univers; avec elle aussi nous vaincrons assurément le démon et le monde, la chair et les sens.

» Ce qui manque à notre siècle, même au point de vue de nos intérêts matériels, c'est précisément de ne pas croire, et par conséquent de ne se passionner plus pour rien de noble, rien de grand. Il règne à l'égard des principes, des sentiments, des idées, un scepticisme tellement glacé que les ames privées de tout ressort tombent pesamment sur elles-mêmes, et ne s'élèvent plus au-dessus de la sphère des sens; partant plus d'aspirations vers l'infini, plus d'élan vers le sacrifice ; les caractères s'abaissent tous les jours. Autrefois on savait mourir pour quelqu'un ou pour quelque chose, aujourd'hui à peine a-t-on le courage de vivre !

» Vous direz peut-être, N. T. C. F., que ce sont là d'injustes plaintes, d'intempestives récriminations : personne plus que moi n'admire ce qui est beau, et n'est plus fier en pensant à la lutte admirable que notre armée vient de soutenir ; mais savez-vous ce qui faisait la force de nos guerriers, de ces soldats, de ces enfants qui ont élevé si haut et porté si loin la gloire de nos armes? Ils ont cru à la justice de la cause qu'ils allaient défendre, à la grandeur de la patrie qui leur confiait son drapeau, au génie du prince qui les appelait à la victoire, aux sympathies de leurs concitoyens, à la Providence de Dieu, à leur dignité d'hommes et de chrétiens ; ils ont cru à tout cela, et voilà pourquoi ils ont vaincu, pourquoi ils ont su mourir. Vous ne l'ignorez pas, vous, M. T. C. F., qui décerniez, il y a peu de jours, des honneurs si bien mérités, à un illustre général (¹) dont la bravoure, soutenue par la confiance en Dieu et par le dévouement à la patrie, a consommé le grand fait d'armes auquel nous devons une paix aussi heureuse pour le monde qu'elle est glorieuse pour la France. Vous savez quels nobles et religieux sentiments le généreux guerrier a puisés dans une famille dont vous êtes justement fiers et que vous entourez de votre respect et de votre affection.

( ) M. le général de Mac-Mahon, qui commandait les troupes à l'assaut victorieux de Malakoff, le 8 septembre 1855.

» Oh ! N. T. C. F., sans la foi, pas de grandes choses, mais surtout pas de vertus, pas de dévouement,
car le dévouement est l'oubli de soi-même jusqu'au
sacrifice ; il est soutenu par l'amour, mais il est inspiré par la foi. Les saints ont cru d'abord à Jésus-
Christ, puis ils ont aimé, et enfin ils se sont sacrifiés.
La foi, l'amour, le sacrifice, voilà la progression que
suit le sentiment dans une ame réellement chrétienne.
Voilà l'histoire intime du sanglant holocauste que les
martyrs ont vu naître dans leur cœur avant de le con-
sommer dans la flamme des bûchers ou sous la hache
des bourreaux.

» Demandons à Dieu, N. T. C. F., par l'intercession des héros que nous honorons aujourd'hui, cette
foi qui fait naître la charité et qui prédispose à l'im-
molation : demandons-la chaque fois que notre piété
nous amènera auprès de ces insignes reliques.

» Les ames dont ces restes vénérés ont été la demeure passagère nous suggéreront de sérieuses pensées, et peut-être d'héroïques inspirations ; elles nous
crieront, avec toute l'éloquence du sang versé, ces
paroles que les historiens ecclésiastiques ont mises
dans la bouche d'un saint martyr de Lyon : « Appre-
» nez de nous à acquérir la foi, à la pratiquer durant
» la vie, et à la garder même au péril de la mort.
» Craignez moins le glaive que le péché, aimez plus
» la justice que la vie, et conservez dans la paix cette
» crainte de Dieu que nous n'avons jamais perdue au
» milieu des agitations et des bouleversements de ce
» monde. Prenez garde de laisser échapper, dans la
» tranquillité du port, cette ancre de l'espérance que

» vous avez sauvée dans la tempête, et n'espérez jamais
» sur le champ de bataille, où Dieu vous met comme
» des soldats, pouvoir goûter le vrai bonheur. C'est
» bien sur la terre que le bonheur se prépare, mais
» ce n'est qu'au ciel qu'on en jouit. Ainsi soit-il. » (¹)
Après le discours, la messe s'achève, et l'éminent
prélat est reconduit avec le cortège déjà décrit.

La crainte fondée du mauvais temps pour la journée
entière n'avait pas empêché les habitants de pavoiser
leurs maisons, de placer à chaque pas des arcs de
triomphe et des guirlandes de verdure, dans les rues
désignées pour le passage de la procession qui devait
avoir lieu après vêpres. Jusqu'au dernier moment on
avait conservé l'espoir de satisfaire leurs vœux ; mais
l'abondance de la pluie obligea à annoncer aux fidèles
que la procession n'aurait lieu que le lendemain.
Mgr l'Evêque de Nevers, qui devait porter la parole
sur la grande esplanade du Petit-Séminaire, magnifi-
quement disposée pour recevoir le cortège et pour
exposer à tous les regards les précieuses reliques,

(¹) *Martyrol.,* — préface. — Unus ex eis, Eucherius Lugdu-
nensis, quondam Protomysta sanctissimus, insonat facundo
ore, diserte ex nobis fidem quærendo acquirere, vivendo exco-
lere, moriendo servare, discite plus peccatum timere quam
gladium ; discite propter vitam, magis justitiam amare quam
vitam, fidemque et timorem Dei, quem nos in media belli
tribulatione servavimus, observate, nec vos in pace vel pacis
securitate perdatis. Cavete ne anchoram spei ac religionis,
quam nos custodivimus in fluctu, vos amittatis in portu... Cavete ne, in arena mundi, in qua ad subeundos agones missi su-
mus, aliquam felicitatem expectandam putetis. Beatitudo pa-
rari hic potest, non potest acquiri.

regretta vivement les inspirations qu'un si grand et
si beau spectacle lui devait fournir. Quoique tout
l'ordre de ses idées fût changé par la circonstance
et qu'il fût privé de la scène émouvante sur laquelle
il avait compté, son zèle ne lui permit pas d'hésiter à
monter en chaire. Sa mâle éloquence sut tirer parti
de ses regrets partagés par la foule, et après avoir
montré la légitimité du culte rendu aux ossements
des saints en général et des saints protecteurs de l'E-
glise d'Autun en particulier, il adressa de chaleureu-
ses exhortations aux fidèles pour les engager à mettre
à profit l'intercession de tant de grands saints dont
l'Eglise d'Autun a le bonheur de posséder les restes.

Plus d'une fois l'orateur émut vivement son nombreux auditoire, soit en adressant à ses collègues des
paroles pleines d'à-propos, soit en rappelant les liens
qui unissent l'Eglise de Nevers à celle d'Autun, soit
en décrivant les honneurs dont le corps de saint
Lazare fut l'objet dans la première translation, soit
en partageant sympathiquement les sentiments qui
animaient la foule pressée autour de sa chaire, et
qui cherchait avidement dans ses paroles un dédommagement au pieux et touchant spectacle dont elle
avait été privée. En rentrant à l'Evêché, après l'office, S. Eminence l'archevêque de Bordeaux put juger quel empire lui donnait sur une population religieuse la haute dignité dont il est revêtu et l'affabi-
lité qui le distingue. La foule se pressait sur ses pas
pour recueillir ses bénédictions et quelque témoignage spécial de bonté.

Le soir, une table de cent couverts, disposée dans

le beau réfectoire du Petit-Séminaire, réunissait aux évêques, dans de fraternelles agapes, les principales autorités de la ville, beaucoup de personnes notables, et un grand nombre d'ecclésiastiques. Le dîné fut suivi d'un concert donné par une réunion d'artistes et d'amateurs au profit de la commission chargée de pourvoir à l'acquisition des châsses. Nous ne nous étendrons pas sur les succès obtenus par les directeurs de ce concert ; leur dévouement et leur talent sont assez connus. Nous devons dire cependant que nous avons recueilli de la bouche de tous les étrangers qui nous environnaient les témoignages les plus flatteurs pour les organisateurs de cette fête, et pour toutes les personnes qui ont bien voulu concourir avec eux à l'embellir. On y entendit pour la première fois, avec un grand bonheur, les jeunes orphéonistes de la houillère d'Epinac, dont l'utile institution est due au zèle éclairé de M. Perron. On les entendit encore le lendemain matin exécuter avec le plus grand succès une messe à l'office pontifical qui fut célébré dans l'église Cathédrale avec beaucoup de dignité par Mgr l'archevêque de Sens.

La matinée avait été sans pluie, les populations voisines étaient accourues à la ville, de nouveaux arcs de verdure, des guirlandes sans nombre couvraient les maisons et les rues que devait traverser la procession. Il semble que les difficultés qu'on avait rencontrées de la part des dispositions atmosphériques eussent augmenté le zèle des habitants pour honorer le patron de la cité. On peut dire que tous rivalisaient d'efforts pour faire éclater leur vénération et leur confiance. S. Eminence n'hésita donc pas, après les vêpres, à vouloir bien présider la procession, malgré un temps peu favorable. Ce fut alors un beau spectacle de voir le magnifique cortège se développer dans les rues désignées avec de nombreuses bannières envoyées des différentes parties du diocèse. Les châsses étaient portées par des prêtres vénérables par leur âge comme par leur titre, et revêtus de beaux ornements. Une foule pressée et cependant recueillie, accueillait partout les saintes reliques avec le plus religieux respect. Au chant des hymnes en l'honneur du saint succédait par intervalle une musique militaire. S. Eminence Mgr l'archevêque de Bordeaux et Mgr l'archevêque de Sens furent profondément émus en voyant ces témoignages unanimes de piété, et ils avaient à peine atteint les degrés de la Cathédrale, au retour de la procession, qu'ils félicitaient Mgr de Marguerye du spectacle touchant dont ils avaient été les témoins. Ce prélat, suivant l'impulsion de son cœur, monta immédiatement en chaire et fit connaître à tout son peuple ce que venait de dire S. Eminence : « Monseigneur, nous venons d'acheter au prix d'un léger sacrifice une immense consolation. » Puis, dans une heureuse improvisation, il épancha son ame devant la pieuse assemblée, remerciant Dieu qui lui avait ménagé la faveur de pouvoir parler aux fidèles, lui qui en avait été empêché depuis près d'une année, à cause de son état de souffrances, exprimant sa gratitude aux deux prélats qui étaient venus rehausser par leur présence une importante solennité, distribuant des éloges mé-

rités à son clergé et à tout son peuple qui avaient
répondu avec tant d'empressement à l'appel qu'il
leur avait fait; demandant enfin à l'illustre cardinal
de faire parvenir au Souverain-Pontife un récit abré-
gé de ce qui venait de se passer, afin de consoler le
père commun des fidèles dans le cœur duquel viennent se résumer toutes les affections de ses frères
dans l'épiscopat. L'émotion produite par son discours
fut bientôt augmentée quand on vit Mgr l'archevêque
de Bordeaux adresser à son tour la parole au prélat pour lui dire quelle était sa joie et celle de Mgr
l'archevêque de Sens, de quelle édification avait été
pour eux tout ce qu'ils venaient de voir et d'entendre.
S. Eminence, s'élevant ensuite aux plus hautes considérations de la foi, fit comprendre à tous la grandeur du dévouement épiscopal, la nature et la force
des liens qui unissent les évêques entre eux, et qui
les unissent non-seulement aux populations confiées
à leur direction spéciale, mais à celles près desquelles
il leur est donné de venir exercer quelques-unes des
fonctions de leur auguste ministère. Il pria alors
Mgr l'archevêque de Sens et Mgr l'évêque d'Autun
d'élever avec lui les mains vers le ciel pour bénir un
peuple si profondément attaché à la foi, et pour demander en sa faveur les grâces les plus abondantes.
Il est impossible de dépeindre les sentiments qui ani-
mèrent l'assemblée tout entière dans ce moment
solennel. En sortant de l'Eglise tous se disaient que
Dieu semblait n'avoir permis la contrariété du temps
que pour mieux faire éclater l'explosion du sentiment
religieux, et que les grâces que l'on venait de rece-

voir étaient un dédommagement inappréciable ménagé par sa providentielle sagesse. Dans la soirée, le ciel fut beau ; une illumination soudaine et générale vint manifester d'une nouvelle façon l'enthousiasme de la population. Les prélats, M. le général de Mac-Mahon, et les principales autorités qui avaient été conviées par M. le Sous-Préfet, quittèrent un instant les salons de son hôtel pour assister au feu d'artifice qui, n'ayant pu être tiré le 1er septembre, avait été réservé à ce jour, comme pour augmenter l'expression de l'allégresse publique. La vaste place du Champ-de-Mars était littéralement remplie. Rarement on y avait vu une foule aussi nombreuse. En somme, la pensée de foi et de sollicitude pastorale de Mgr de Marguerye, après avoir été comprise par les diocésains, s'est réalisée de manière à satisfaire la piété de son cœur d'évêque, et à resserrer entre notre cité et les cités voisines les liens qui depuis tant de siècles amenaient à Autun, pour la Saint-Lazare, beaucoup d'étrangers.

www.ingramcontent.com/pod-product-compliance
Lightning Source LLC
Chambersburg PA
CBHW072059090426
42739CB00012B/2815